中国蛋鸡产业经济 2020

ZHONGGUO DANJI CHANYE JINGJI
2020

朱宁 秦富等 著

中国农业出版社
北 京

本书得到"财政部和农业农村部：国家现代农业产业技术体系（CARS-40）"资助，特此感谢！

顾问：杨　宁

著者：朱　宁　秦　富　郑　燕
　　　丁存振　武玉环　曹　博

鸣　谢

国家蛋鸡产业技术体系首席科学家
国家蛋鸡产业技术体系办公室
国家蛋鸡产业技术体系遗传改良功能研究室
国家蛋鸡产业技术体系营养与饲料功能研究室
国家蛋鸡产业技术体系疾病防控功能研究室
国家蛋鸡产业技术体系生产与环境控制功能研究室
国家蛋鸡产业技术体系加工功能研究室

各综合试验站

河北省蛋肉鸡产业技术体系

河北省、北京市、辽宁省、山东省、河南省、安徽省、黑龙江省、湖北省、陕西省、新疆维吾尔自治区和四川省等地受访蛋鸡养殖户、养殖企业

山东省、四川省、陕西省等地受访经济作物种植户、种植企业

前　言
FOREWORD

　　党的十九届五中全会审议通过的《中华人民共和国国民经济和社会发展第十四个五年规划和 2035 年远景目标纲要》提出"十四五"时期要"以推动高质量发展为主题，以深化供给侧结构性改革为主线"，并要"提高农业质量效益和竞争力"，这为正从数量扩张转向质量飞跃的蛋鸡产业指明了高质量发展道路。目前，我国蛋鸡产业在高质量发展推进过程中与国际先进水平仍然存在差距，亟待提升养殖规模化水平、鸡蛋市场稳定性以及蛋鸡粪污处理的市场化程度，还需要应对重大突发事件冲击。鉴于此，在新的发展阶段，开展蛋鸡产业发展形势、新冠肺炎疫情对产业发展影响、蛋鸡养殖规模化及效率、鸡蛋价格波动以及蛋鸡粪污资源化利用等方面的具体研究，对于促进蛋鸡产业高质量发展具有重要意义。

　　本书第一部分分析了蛋鸡产业发展形势，先分析世界蛋鸡产业发展形势，与美国、日本蛋鸡产业做了对比，并对世界禽蛋产业格局变迁及趋势做了梳理，评判了中国蛋鸡产业发展水平，然后全面复盘了 2020 年中国鸡蛋市场供需状况，展望了 2021 年鸡蛋市场供需形势，并针对制约蛋鸡产业转型升级的问题，提出了对策建议；第二部分对蛋鸡养殖规模化及效率进行了研究，研判了中国蛋鸡养殖规模化水平，评估了蛋鸡规模养殖全要素生产率，厘清了蛋鸡养殖机械化对劳动力的替代关系；第三部分对鸡蛋价格波动进行了研究，重点分析了新冠肺炎疫情对鸡蛋市场价格的影响，并对鸡蛋市场价格波动状态转换及非对称性、养殖资本化对鸡蛋市场价格影响做了定量分析，对于开展鸡蛋市场价格预警以及平稳市场运行具有推动作用；第四部分对蛋鸡粪污资源化利用问题进行了研究，紧扣蛋鸡粪污资源化利用领域的投入问题以及种养分离问题，开展了养殖户粪污资源化利用投入意愿以及"蛋鸡十经济作物"种养结合模式分析，并提出提升蛋鸡粪污资源化利用水平以及市场化水平的对策建议。

　　开展以上的研究能够较为全面地对近些年蛋鸡产业发展形势进行论证，有助于丰富和拓展蛋鸡产业经济的研究，可为新形势下中国蛋鸡产业高质量发展提供决策支撑。期望研究成果能为蛋鸡产业经济与政策制定部门、研究人员及相关实践者提供有益的参考。

著　者

2021 年 2 月

目 录
CONTENTS

第一篇 | DIYIPIAN

蛋鸡产业发展形势

第一章

世界禽蛋产业格局变迁及趋势

一、 世界禽蛋生产格局

禽蛋是全世界消费者日常饮食中蛋白质的重要来源之一。随着社会经济的发展和人们生活水平的提高,各国对禽蛋产品的需求持续增加,也促使世界鸡蛋生产水平和产量随之上升。

进入 21 世纪以来,世界禽蛋生产继续保持快速上升趋势。根据联合国粮农组织 FAO 统计数据显示,世界禽蛋产量从 2000 年的 5 517.7 万吨增长到 2017 年 8 701.4 万吨,增长 57.7%,年均增长率为 2.7% (图 1-1)。从品种来看,鸡蛋是世界禽蛋最重要的产品,2000 年世界鸡蛋产量为 5 114.0 万吨,占世界禽蛋比重的 92.7%,2017 年世界鸡蛋产量增长到 8 008.9 万吨,占世界禽蛋产量比重的 92.0%;其他蛋类在世界禽蛋比重较小,但总体比重呈增长趋势,2000 年世界其他蛋类总产量为 403.8 万吨,占世界禽蛋比重为 7.3%,2017 年世界其他蛋类总产量增长到 692.6 万吨,占世界禽蛋产量比重提高到 8.0%。2017 年,世界禽蛋产量高的国家仍然是中国、美国、印度和墨西哥。

从生产格局来看,2000—2011 年,世界禽蛋从 5 517.7 万吨增长到 7 088.6万吨,增长 28.5%,年均增长率为 2.5%。这一阶段,亚洲、美洲、欧洲、非洲、大洋洲禽蛋占世界禽蛋产量比重从 59.7%、19.1%、17.2%、3.6%、0.4%变化为 61.1%、19.3%、15.1%、4.1%、0.4%,亚洲、美洲和非洲禽蛋产量比重增加,欧洲禽蛋产量比重下降。2012—

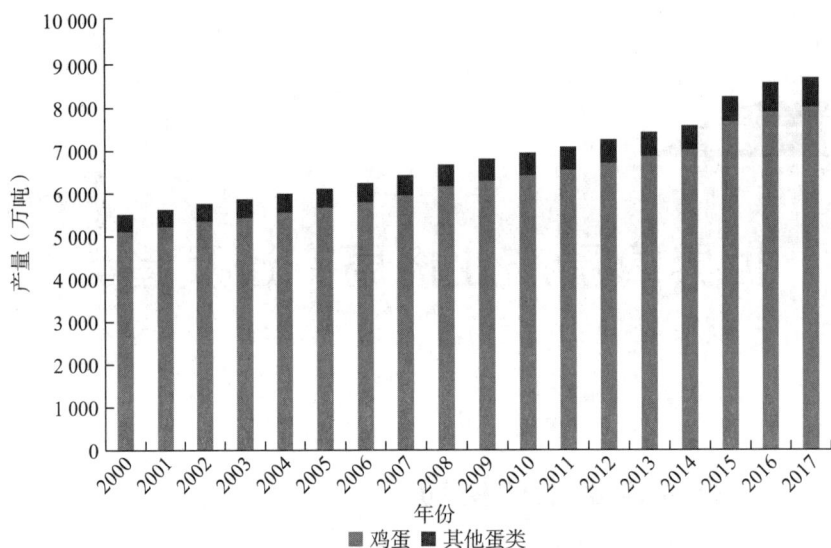

图 1-1 2000—2017 年世界禽蛋生产情况

资料来源：联合国粮农组织数据库。

2017 年，世界禽蛋从 7 260.5 万吨增长到 8 701.4 万吨，增长 19.8%，年均增长率为 3.7%，与上一阶段相比，世界禽蛋产量增速显著提高，到 2017 年，亚洲、美洲、欧洲、非洲、大洋洲禽蛋占世界禽蛋产量比重为 64.8%、18.3%、12.8%、3.7%、0.4%。从区域分布来看，世界禽蛋主产国由发达国家向发展中国家转移的趋势更加明显，尤其是向亚洲和拉丁美洲地区的发展中国家转移，主要是因为发展中国家人口的迅速增加和生活水平的提升导致禽蛋的需求不断提升，极大地提升了发展中国家蛋禽养殖积极性。

世界禽蛋主产国高度重视蛋禽养殖业发展，通过规范养殖、科技支撑等方式不断提升禽蛋生产能力。一是规模化、标准化养殖进一步发展。由于人工成本、土地资源等生产要素的制约，世界主要禽蛋生产国注重家禽养殖场的规模化、标准化建设，通过发展资本密集型、技术密集型的专业规模养殖场，以规模化养殖促进规模报酬的递增，进而实现规模经济效益。二是科技对养殖业的支撑作用进一步体现。世界禽蛋主产国注重科学技术对禽蛋业的有力支撑，通过分子育种技术的开发，带动了蛋禽育种行业的快速发展，以美国为例，新品种对于畜禽产业发展的贡献已占据50% 以上，自动化养殖机械的投入，有效降低了饲养过程中人工投入数量，有助于规模化养殖场降低经营成本，获得更高的养殖收益。三是生态环境保护在蛋禽养殖业得到进一步重视。蛋禽养殖环境污染是全世界都重点关注的问题，各国均以法律、制度的方式做了强制性要求。通过养殖规模必须与拥有的土地规模配套等方式，采取种养结合的方法，实现了对于生态环境的有效保护，与此同时还配套完善了对于废弃物处理加工的补贴制度与支付制度，从经济角度对养殖场的环保行为进行了激励，保障了良好生态环境的进一步实现。

从 20 世纪 80 年代中期开始，中国就成为世界禽蛋生产第一大国，进入 21 世纪，中国蛋禽产业的快速发展对带动世界鸡蛋产量的增长做出了巨大贡献。2000 年中国禽蛋产量为 2 182.0 万吨，2017 年禽蛋产量增长到 3 645.8 万吨，增长 67.1%，占世界禽蛋产量的比重从 39.5% 增长到 41.9%。可以说，中国禽蛋产业的发展为带动世界禽蛋产量上升起到了关键性作用。

二、 世界禽蛋贸易格局

与世界禽蛋生产水平和产量持续提高相同，世界禽蛋贸易规模也在波动中不断增加。根据 UN Comtrade 贸易数据显示，2000—2017 年世界禽蛋贸易可分为三个阶段。第一阶段是 2000—2006 年，在 21 世纪最初 6 年，禽蛋贸易增长出现短暂迟缓，特别是 2003 年和 2006 年受禽流感疫情影响，禽蛋贸易量都较上一年有所下降，导致 2006 年禽蛋贸易量降为 80.8 万吨，比 2000 年的 82.0 万吨还低 1.2 万吨。第二阶段是 2007—2010 年，2006 年以后世界禽蛋贸易规模快速提高，年度贸易量多次出现较大幅度提高，2010 年禽蛋贸易量增至 244.8 万吨，比 2007 年的 144.8 万吨提高 100 万吨，增幅为 69.1%。第三阶段为 2011—2017 年，这一阶段，世界禽类疫情多次大规模暴发，特别是 2014 年和 2016 年的高致病性禽流感疫情，重创了世界禽肉和禽蛋贸易，导致禽蛋贸易量出现较大幅度下滑。但受全球消费者对禽蛋消费需求增加的拉动，世界禽蛋贸易总体贸易规模仍呈显著上升趋势，至 2017 年，禽蛋贸易量增至 314.4 万吨，比 2011 年增长 96.3 万吨，增幅为 44.2%（图 1 - 2）。

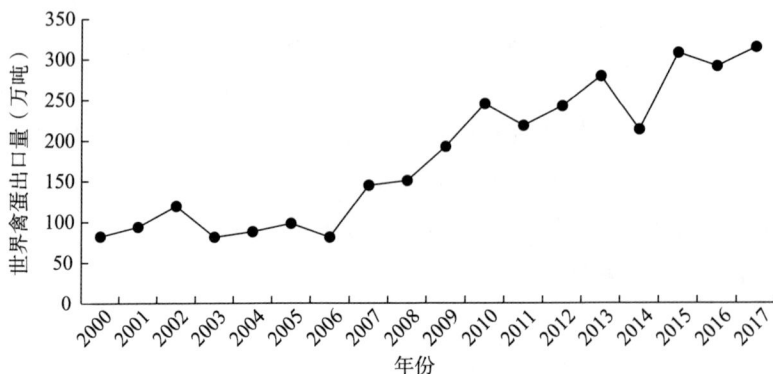

图 1-2 2000—2017 年世界禽蛋贸易情况

资料来源：联合国商品贸易统计数据库。

中国禽蛋贸易以出口为主，从出口产品来看，中国禽蛋类产品的出口以带壳禽蛋为主，即以鲜蛋、皮蛋和咸蛋为主。从出口目的地来看，中国禽蛋产品出口目的地集中度高，香港和澳门地区是内地禽蛋产品最主要的目的地，近年来占到中国禽蛋出口规模 85％以上，其次为日本、新加坡和美国，这 5 个国家和地区占中国禽蛋总出口规模的 95％以上。从出口量来看，因为中国禽蛋产品出口目的地集中度高，这些市场对中国禽蛋产品需求直接影响中国禽蛋产品出口量，特别是香港和澳门地区。总体上，中国禽蛋产品出口近年来发展稳定，除 2002—2006 年和 2008—2009 年这 7 年的年出口量超过 12 万吨以外，其他年份的禽蛋产品出口量基本在 10 万吨的水平波动。2017 年，中国禽蛋产品共出口 11.3 万吨，其中，香港和澳门共 9.7 万吨，占比为 85.7％。

三、 世界禽蛋生产与贸易趋势

世界禽蛋生产趋势。从区域格局来看，未来世界禽蛋生产分布仍将以亚洲为主，美洲和欧洲禽蛋产量将会逐渐下降，非洲和大洋洲虽然不是禽蛋主产区，但产量相对比较稳定。随着中国蛋禽养殖技术发展和中国消费者对禽蛋消费需求的不断增加，中国禽蛋产量位居世界第一将成为常态，美国、印度、日本、法国、德国、荷兰等禽蛋生产大国的禽蛋产量也将长期位于世界前列。从养殖技术发展趋势来看，受人工成本、土地资源等生产要素的制约，蛋禽养殖规模化、标准化发展将更有利于资本密集型、技术密集型的专业规模养殖场发展和企业全产业链合理布局。养殖科学技术发展将成为规模化养殖场降低经营成本，获得更高的养殖收益的重要手段。随着各国对畜禽养殖环境污染的重视，更多的法律、制度将被应用于蛋禽养殖领域，完善的废弃物处理加工设施将成为蛋禽养殖场的必要设施。中国作为蛋禽养殖大国，已经先后颁布了《环保法》《大气污染防治法》《水污染防治法》等法律法规，并划定了限养区禁养区，落后产能不断被淘汰，优势主产区规模化、标准化、集约化蛋禽养殖场加速布局，为规范蛋禽养殖生态环境保护做出了重要贡献。

世界禽蛋消费趋势。禽蛋作为人类日常饮食中蛋白质的重要来源，未来禽蛋消费将从量和质上共同提升。一是禽蛋消费量继续保持增长。随着消费者收入水平提高和对健康饮食观念提升，对禽蛋消费需求仍将持续增加，据国际鸡蛋委员会的报告预测，到2030年全球鸡蛋消费量将增长1.0千克/（人·年），将达到10.3千克（人·年）。二是禽蛋消费方式将更加多样。鲜蛋作为人类最传统最习惯的吃法，仍将长期作为禽蛋最重要的消费方式，但液蛋、蛋粉、含蛋食品等蛋类加工品的消费量将随着食品加工业、餐饮业规模的提升和消费者消费方式的多样化而不断增加，消费者将以更多更丰富的方式消费禽蛋产品。作为禽蛋生产和消费大国的中国，目前对液蛋、蛋黄酱、色拉调味酱、冰激凌、烘焙食品等禽蛋加工产品的消费量不断增加，为禽蛋消费提供了巨大的潜力市场。

世界禽蛋贸易趋势。由于鲜蛋运输难度较大、成本高，世界禽蛋贸易仍将以禽蛋加工品贸易为主、短距离鲜蛋贸易为辅的格局。除进口禽蛋产品价格、品质和消费者认知以外，禽蛋包装和加工技术成为提升禽蛋的贸易规模非常重要的影响因素。中国禽蛋出口仍将以香港和澳门地区为主，这是祖国内地对香港和澳门地区居民蛋品需求的支持。为扩大中国禽蛋出口市场规模，除需在禽蛋长途运输保鲜技术上寻求突破以外，还需要提升禽蛋深加工技术水平，创新蛋品加工形式，不断开发出各种新型的蛋品深加工品类，提升蛋品的附加值，特别是符合港澳同胞和外国消费者消费习惯的禽蛋深加工产品。

第二章

蛋鸡产业国际比较分析

一、 蛋鸡养殖国际比较及短板分析

从劳动生产率、土地产出率和投入产出率三个视角，研判蛋鸡产业的发展现状、薄弱环节和短板问题，进而明确科技的发力点和支撑点。与世界鸡蛋生产主要国家美国、日本相比，我国蛋鸡单产在全球处于中等水平，仍有潜力可挖。

（一）蛋鸡养殖劳动生产率、土地产出率、投入产出率比较

我国蛋鸡养殖的劳动生产率远低于美国、日本。近 3 年（2016—2018 年）我国蛋鸡养殖劳动生产率虽略有增长，与日本的差距较小，但与美国的差距仍然非常大。土地产出率低于美国、日本，近 3 年美国、日本分别是我国的 2.83 倍、1.50 倍。投入产出率自 2004 年以来不断下降，近 3 年美国、日本分别是我国的 1.58 倍、1.25 倍（表2-1）。我国与美国、日本在劳动生产率、土地产出率、投入产出率存在差距，主因在于我国蛋鸡养殖"小规模、大群体"模式制约了"三率"的提升，下一步，我国应着力于提升蛋鸡规模水平以及机械化、集约化水平。

表 2 - 1　蛋鸡养殖劳动生产率、土地产出率、投入产出率比较

指标	年份	中国	美国	日本
劳动生产率 ［千克/（人·天）］	2004—2006	0.30	848.96	0.20
	2007—2009	0.33	1 076.88	0.33
	2010—2012	0.39	1 264.39	0.67
	2013—2015	0.43	1 550.36	0.45
	2016—2018	0.43	1 805.44	0.50
土地产出率 （千克/平方米）	2004—2006	67.54	203.63	109.40
	2007—2009	72.15	205.89	107.87
	2010—2012	74.13	206.54	109.07
	2013—2015	75.55	211.96	108.66
	2016—2018	76.31	215.65	114.10
投入产出率 （千克/元）	2004—2006	0.19	0.13	0.10
	2007—2009	0.15	0.15	0.12
	2010—2012	0.12	0.16	0.21
	2013—2015	0.11	0.17	0.16
	2016—2018	0.12	0.19	0.15

注：①劳动生产率指单位面积的产量比单位面积的用工量。②土地产出率主要体现为单产水平。③投入产出率指单位面积的产量比单位面积的总成本。④各国货币数据均按当年平均汇率折算为人民币。

（二）蛋鸡养殖成本比较

从总成本看，近 3 年我国只鸡总成本 145.30 元/只，远高于美国的 96.31 元/只，略高于日本的 129.69 元/只（表 2 - 2）。

表 2 - 2　蛋鸡养殖生产成本比较

指标	年份	中国	美国	日本
每只蛋鸡的总成本 （元/只）	2004—2006	83.59	120.19	189.38
	2007—2009	109.17	111.29	155.06
	2010—2012	142.18	110.44	87.60
	2013—2015	158.19	101.89	115.81
	2016—2018	145.30	96.31	129.69

从总成本变化趋势看，2004—2018 年我国蛋鸡养殖总成本呈现明显增加态势，而美国蛋鸡养殖总成本则出现明显减少。2009 年前，2004—2006 年日本蛋鸡养殖总成本是我国的 2.27 倍，2007—2009 年则是 1.42 倍。2009 年以后，我国蛋鸡养殖总成本明显高于美国、日本，2010—2018 年我国蛋鸡养殖总成本比美国、日本分别高 44.4%、33.8%。从总成本增长率看，2010 年以来，中国、美国蛋鸡养殖总成本出现了负增长，虽然我国蛋鸡养殖总成本绝对值较大，但 2016—2018 年蛋鸡养殖总成本降幅达到了 8.1%，美国在 2016—2018 年降幅为 5.5%。与中国、美国变化趋势不同的是，日本蛋鸡养殖总成本略有增加，2016—2018 年蛋鸡养殖总成本增加了 12.0%（图 2-1）。

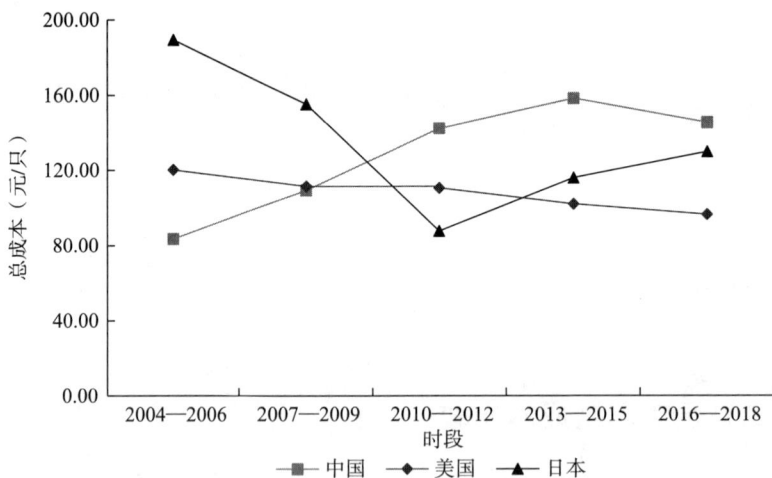

图 2-1　每只蛋鸡养殖总成本变化趋势

（三）鸡蛋产量比较

从平均单产看，近 3 年，我国蛋鸡平均单产为 17.65 千克/只，比美国、日本分别低 1.6%、7.2%（表 2-3）。我国平均单产低于美国、日本的主要原因是，美国、日本蛋鸡养殖精细化程度较高，能够为蛋鸡营造良好的养殖环境，而且美国、日本的蛋鸡生产性能在养殖过程中保持得更好。

表 2 - 3　蛋鸡单产比较

国家	平均单产（千克/只）					科学家产量（千克/只）	
	2004—2006 年	2007—2009 年	2010—2012 年	2013—2015 年	2016—2018 年	主产区最高产量	主产区超 10 万只存栏蛋鸡的最高产量
中国	15.62	16.69	17.15	17.48	17.65	19.40	19.00
美国	16.93	17.12	17.18	17.63	17.93	21.50	20.90
日本	18.23	17.98	18.18	18.11	19.02	20.30	19.80

从单产增长率看，与美国、日本相比，我国蛋鸡单产增长比较稳定，随着单产潜力得到逐步挖掘，单产增长率逐渐下降，2007—2009 年的增长率比 2004—2006 年高 6.8%，而近三年环比增长只有 1.0%。美国、日本蛋鸡单产虽有波动，但整体呈现增加趋势，近 15 年，中国、美国、日本蛋鸡单产分别增长 13.0%、5.9%、4.3%，我国蛋鸡单产提升速度较快，归因于起步水平较低，也得益于近几年我国在蛋鸡品种以及机械化水平、养殖环境控制等方面的提升。

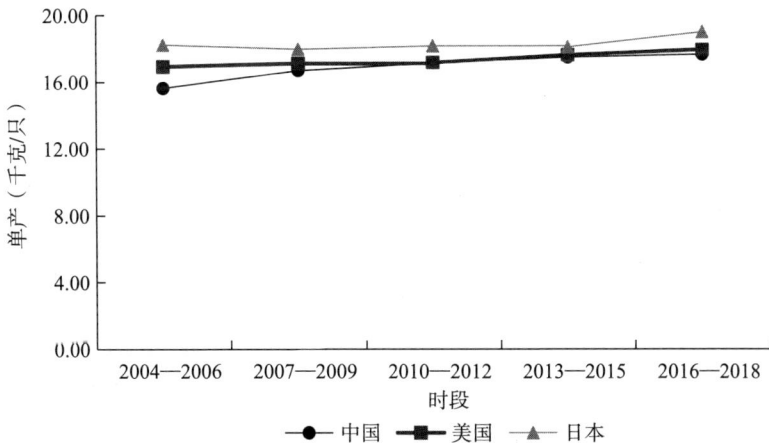

图 2 - 2　2004—2018 年世界主要国家蛋鸡单产情况

从基础产量看，我国鸡蛋主产区最高产量比美国、日本分别低 2.10 千克/只、0.90 千克/只，我国鸡蛋主产区超 10 万只存栏蛋鸡的最高单产比美国、日本分别低 1.90 千克/只、0.8 千克/只（图 2 - 2）。下一步，我国应从培育高产蛋鸡品种、提升蛋鸡养殖机械化及自动化水平、精准营养与无抗减负、环境控制智能化等方面着手，从品种选育、饲料营养、疫病防控、环境控制等环节全方位提升蛋鸡养殖水平，进而实现蛋鸡单产的提高。

二、 蛋鸡产业的科技主攻方向

我国鸡蛋产量自 1985 年以来持续保持全球第一，总体规模与单位产量齐增，且处于国际先进水平，但在产品竞争力方面与美国、日本还存在差距，但在缓慢缩小。据对我国蛋鸡产业生产技术与国外的对比，目前我国处于跟跑地位。与美国、日本相比，我国在单产、成本、生产技术方面还有差距，随着我国蛋鸡产业生产技术的不断研发与推广应用，我国蛋鸡养殖水平将与领先国家的差距明显缩小，甚至某些方面将超过领先国家。但从养殖方式看，欧盟国家已经全部推行福利养殖技术模式，美国目前也在快速转变养殖方式。欧美新建鸡场已经全部采用福利养殖技术模式，福利养殖技术已成为蛋鸡减抗或无抗养殖的重要技术支撑。我国蛋鸡生产的最大潜力是提高劳动生产率、土地产出率，关键在于通过提升蛋鸡养殖规模化程度、机械化程度、集约化程度等措施，减少劳动力投入以及提高土地的利用率。

（一）针对提高劳动生产率，提升蛋鸡养殖机械化水平

针对提高劳动生产率，在推进蛋鸡养殖规模化的同时，着重在鸡蛋生产全程机械化方面发力。加强蛋鸡健康养殖工艺、环境控制模式、蛋鸡行为与装备关系模式等基础研究，加强符合我国国情的高效健康养殖装备、智慧养殖装备科技创新；加快先进适用型养殖装备的研发与应用，重点突破养殖设施设备改造、叠层笼养设备推广应用、鸡蛋收集和废弃物资源化利用等薄弱环节，推进机械化与信息化融合，把"互联网＋"引入蛋鸡全程机械化养殖，支持建设实时准确的信息采集和智能管控系统。

（二）针对提高土地产出率，提升蛋鸡养殖土地利用率

针对提高土地产出率，在推进蛋鸡养殖规模化、标准化的同时，着

力在蛋鸡养殖土地利用率方面发力。科学合理规划蛋鸡养殖场，不仅对鸡舍的设计做好土地资源的充分利用，而且生活区、库房、粪污处理区域等也要做到土地资源的高效利用；应用叠层笼养和立体散养等高效养殖设备，在满足蛋鸡活动空间的前提下，提高单位面积蛋鸡养殖数量；养殖高产蛋鸡品种、应用精准饲养技术及垂直传播疾病净化技术和蛋鸡重要传染病防控技术，提高或保障只鸡产出，从而有效提高土地产出率。

（三）针对提高投入产出率，提升蛋鸡养殖水平

针对提高投入产出率，着力在蛋鸡养殖水平方面发力。通过节本达到增效，减少免疫次数降低疫情防控投入、精准饲养降低饲料投入、提升机械化水平降低人工投入、提升规模化水平降低只鸡投入，全方位减少蛋鸡养殖投入；推广应用基因芯片技术，研究应用超长产蛋期相关育种技术，培育新品种，持续选育现有品种，进一步提高品种质量。力争国产蛋鸡品种整体生产性能和育种技术达到国际先进水平，自主培育品种商品代国内市场占有率不低于70%，高产蛋鸡品种得到全面推广应用。

三、强化科技支撑蛋鸡产业的政策建议

（一）设立攻关专项

技术立项促进蛋鸡产业提质增效、转型升级，经济立项促进蛋鸡产业可持续发展、现代化水平的提升。设立或增加针对蛋鸡产业发展难题的攻关专项，攻关专项包括产业技术及产业经济两个方面。产业技术方面，支持将蛋鸡列入国家畜禽良种联合攻关计划，加大对蛋鸡遗传资源保护、新品种选育、饲料营养、疫病防控、生产与环境控制、蛋品加工等方面的支持力度，进一步加强蛋鸡智能化健康高效养殖关键技术与装备的研发应用；重视技术的应用与示范推广，可由企业作为攻关专项主持单位，避免发生成果难以转化应用问题。产业经济方面，针对蛋鸡养殖管理与适度规

模、蛋鸡粪污利用与养殖环境治理、鸡蛋消费、蛋鸡产业及价格预警、蛋鸡产业可持续发展等予以立项。

（二）打造产业科技战略力量

充分整合国家和省级蛋鸡产业技术体系、科研院所和蛋种鸡企业等科技战略力量，形成科技支撑合力；以新品种、新技术、新工艺、新方法研发以及产业经济研究为重点，开展联合攻关、联合研究，聚合一批蛋鸡产业科技力量及产业经济研究力量；注重人才梯队建设，培育不同年龄层的蛋鸡产业科技力量，给予不同梯队人才展示及承担项目的机会，建立健全人才储备机制，造就一支懂蛋鸡、爱产业的蛋鸡产业科技人才队伍。

（三）创新科技组织管理

整合及创新蛋鸡产业科技组织，整合国家、省级蛋鸡产业技术体系以及从事蛋鸡产业研究、科研成果推广的科研人员或机构，建立国家级的蛋鸡产业研究及推广组织或机构，实现到省、市、县、乡均有科技成果研究或推广的抓手，切实解决科研成果不落地、培训不到位等问题；创新科技成果推广应用管理机制，转变资金支撑方向，从以往的重研发转向重应用推广，建立健全专门的科技成果推广应用组织。

（四）深化科技体制机制改革

深化改革科技体制机制，转变科技支撑方向，着力提升对科技成果推广应用的支撑，配套监督、评估机制，形成一整套科技成果推广应用的机制；改变注重论文、专著等成果立项项目的制度，提升对解决产业发展实际问题的重视程度，深化对项目立项条件的制度改革；注重科技立项的基础调研，摸清产业发展难题以及科技研发方向，界定明晰科技创新成果，避免科学技术不能解决实际问题以及科技成果重复问题。

（五）完善支持制度

发挥支持制度引导产业发展的作用，形成一整套对蛋鸡产业发展的支持制度，主要采用"以奖代补"的方式对蛋鸡养殖场、粪污处理厂、蛋品加工厂等予以公共财政资金支持。加大对规模养殖场的支持力度，尤其对投资建设全程机械化养殖场着力支持；重视对蛋鸡粪污资源化利用的支持力度，尤其对大规模蛋鸡粪污资源化利用企业加强支持；加大对蛋品加工厂的支持力度，尤其对鸡蛋深加工企业着力支持；加大对蛋鸡产业政策性保险的支持力度，切实为产业发展提供有保障的政策性支持。

第三章

中美蛋鸡产业发展比较研究 *

一、 中美鸡蛋生产和国际贸易比较

(一) 鸡蛋产量和增长速度

从鸡蛋产量和增长速度看,中国依然保持着世界鸡蛋第一生产大国的地位,鸡蛋生产增长速度略高于美国(朱宁等,2016)。根据 FAO 的数据,2011—2016 年中国带壳鸡蛋产量累计增长 10.7%,年均增幅 2.0%。同期美国带壳鸡蛋产量累计增长 10.3%,年均增幅 1.8%。中国 2016 年带壳鸡蛋产量 2 683.5 万吨,占世界带壳鸡蛋产量的 36.3%。美国 2016 年带壳鸡蛋产量 603.6 万吨,占世界带壳鸡蛋总产量的 8.2%。

(二) 出口贸易对象分布

从中美两国蛋品贸易对象国分布情况看,中国鸡蛋及蛋加工品出口主要集中在中国周边的东亚国家/地区,贸易半径较小,对北美等远距离国家的出口仅占 5%左右(周荣柱等,2016;孙从佼等,2018)。

而美国的蛋品贸易则较少受到距离因素影响。美国不仅能够保持对周边北美国家较高蛋品出口比例,2013 年为 47.5%,还能够大量出口至距

---

* 发表于《中国家禽》2018 年第 14 期。

离美国较远的东亚国家，2013 年有 31.2％的蛋品出口至东亚国家。

（三）出口产品

从出口的蛋产品种类看，中国以鲜鸡蛋出口为主，蛋加工品较少。鲜鸡蛋质量受运输条件影响大，保质期限相对较短，制约了我国蛋品出口范围。

而美国出口的蛋产品中，鲜蛋和蛋加工品几乎是各占半壁江山。蛋加工品质量不易受到运输距离影响，还具有保质期限长、使用范围广等优点，因此，美国蛋加工品更加容易超越空间地理位置的限制，开拓广阔的市场。

二、 中美蛋鸡养殖成本收益比较分析

蛋鸡养殖成本收益对于鸡蛋生产竞争力具有显著影响，为此，专门对比分析了中美蛋鸡养殖成本收益。

蛋鸡养殖成本。中国蛋鸡养殖成本要高于美国，从 3 年的变动趋势来看，成本差呈缩小趋势。就具体的养殖成本来看，中国蛋鸡养殖的产蛋前成本要高于美国，且成本差呈缩小趋势，说明我国的青年鸡养殖水平要低于美国，仍然有潜力挖掘；饲料费用并未出现明显的变动规律，但中国蛋鸡养殖的饲料费用要高于美国至少 20 元/只，说明我国蛋鸡养殖过程中的饲料转换效率低；就其他费用来看，中国蛋鸡养殖的其他费用要低于美国，主要是与美国的固定资产投资大、劳动力成本相对更高等因素有关。

蛋鸡养殖收益。中国蛋鸡养殖的收益水平与美国差距较大，主要的原因在于美国的鸡蛋价格相对更高，说明中国鸡蛋在价格上更具优势，但就蛋鸡养殖环节收益看，由于 2014 年和 2015 年美国鸡蛋价格更高，导致美国蛋鸡养殖收益较高，尤其是 2015 年美国的蛋鸡养殖净利润达到了 155.20 元/只，成本收益率更是高达 209.80％。需要说明的是，2015 年美国蛋鸡收益高以及鸡蛋价格暴涨与美国中西部暴发 30 年来罕见的禽流感有关，美国消费者在 2015 年要多花 75 亿～80 亿美元购买鸡蛋。随着禽流感事件的消退，2016 年美国蛋鸡养殖业复苏，鸡蛋供应充足，导致鸡蛋价格下降幅度较大，也使得蛋鸡养殖收益降低。

总的来看，中国蛋鸡养殖在产蛋前成本、饲料费用等方面不具优势，有待通过提升青年鸡养殖水平以及提高蛋鸡养殖饲料转化效率来转变生产成本竞争力差的局面。中国蛋鸡养殖相对平稳，但收益和利润较低，而美国蛋鸡养殖波动大，但收益和利润较高，可以在达到鸡蛋出口标准以及突破各类贸易壁垒的情况下，拓展鸡蛋出口市场。

三、 中美鸡蛋产业竞争力比较

(一) 国际市场占有率

国际市场占有率是指一国的某种商品的出口额占该商品全部出口额的比率，它反映该商品在国际市场竞争中这个国家所占据的"势力范围"。一般而言，国际市场占有率（MOR）越高，该产品的国际竞争力越强。它的计算公式如下：

$$MOR = (x_i/X_i) \times 100\% \qquad (3-1)$$

式中，x_i 代表某种蛋产品的出口额；X_i 代表该产品总的出口额。

中国蛋品的国际市场占有率低于美国（表 3-1）。根据 FAO 的数据，2011—2013 年，从总体看，中国蛋品国际市场占有率为 3.7%，美国为 9.9%。其中，中国和美国带壳鸡蛋的国际市场占有率分别是 4.4% 和 9.1%；蛋粉国际市场占有率分别是 2.8% 和 19.3%；液态蛋的国际市场占有率分别是 0.7% 和 9.1%；蛋粉和液态蛋的国际市场占有率相差更大。

但进入 21 世纪以来，中国蛋品出口市场占有率呈增长态势。2000—2005 年、2006—2010 年以及 2011—2013 年 3 个时段中，中国蛋品出口市场占有率由 3.3% 提升到 3.5%，再提升到 3.7%。同期美国蛋品出口市场占有率有所波动，由 11.4% 降低到 9.2%，再提高到 9.9%。

从中国蛋品国际市场占有率变化看，带壳鸡蛋出口市场占有率提高，从 3.9% 提高到 4.4%，但蛋粉的出口市场占有率表现为升高后，又降低的波动状态，由 2.1% 升高到 3.7% 后，又降低至 2.8%。液态蛋的出口市场占有率一路降低，由 1.2% 减少到 0.9% 后，又将至 0.7%。

美国与中国相反，带壳鸡蛋出口市场占有率在波动中降低，由 11.4% 减少到 8.8% 后，又提高至 9.1%；但是美国的蛋粉出口市场占有率却一路提高，由 11.9% 提高到 18.0% 后，又增至 19.3%。液态蛋的出口市场占有率也在波动中降低，由 11.2% 降低到 7.3% 后。又提高到 9.1%。因此，美国在加工蛋品方面表现出比中国更大的优势。

表 3-1　中美蛋品国际市场占有率比较　　　　单位:%

国家	2000—2005 年			
	全部蛋品	带壳鸡蛋	蛋粉	液态蛋
中国	3.3	3.9	2.1	1.2
美国	11.4	11.4	11.9	11.2
国家	2006—2010 年			
	全部蛋品	带壳鸡蛋	蛋粉	液态蛋
中国	3.5	3.9	3.7	0.9
美国	9.2	8.8	18.0	7.3
国家	2011—2013 年			
	全部蛋品	带壳鸡蛋	蛋粉	液态蛋
中国	3.7	4.4	2.8	0.7
美国	9.9	9.1	19.3	9.1

数据来源：联合国粮农组织数据库。

(二) 显示性比较优势指数

显示性比较优势指数是指一个国家某类产品占其出口总值的份额与世界该类产品占世界出口份额的比率。它是 Balassa 于 1965 年测算部分国家贸易比较优势时采用的一种方法，后被世界银行等国际组织普遍采用。

$$RCA_{ij} = \frac{X_{ij}/\sum X_{tj}}{X_{iw}/\sum X_{tw}} \qquad (3-2)$$

分子代表的是一国某产业部门的出口占该国全部出口的比重，分母代表的是全世界该产业出口占世界总出口的份额。因此，RCA 指标包含了一国出口结构与世界出口结构的对比。显示性比较优势指数越高说明该产品越具有国际竞争力。一般来说，若 RCA 大于 2.5，则国际竞争力极强；若 RCA 指标在 1.2～2.5，则国际竞争力较强；若 RCA 指标在 0.8～1.25，则国际竞争力中等；若 RCA 指标小于 0.8，则国际竞争力很弱。

从蛋品总体情况看（表 3-2），中美两国蛋品国际竞争力中等，中国蛋品国际竞争力略强于美国。其中，中国带壳鸡蛋国际竞争力较强，中国的 RCA 是 1.2，美国 RCA 为 0.9。但中国的蛋粉和液态蛋国际竞争力很弱，RCA 分别只有 0.7 和 0.2，与美国相差较远。

表 3-2　中美蛋品显示性比较优势指数

国家	2013 年			
	全部蛋品	带壳鸡蛋	蛋粉	液态蛋
中国	0.98	1.2	0.7	0.2
美国	0.95	0.9	1.5	1.0

数据来源：联合国粮农组织数据库。

（三）产品质量升级指数

农产品质量升级指数，是通过计算每单位农产品的出口价格的变化，来间接地反映出口农产品的质量的变化。计算公式为：

$$QC_i = (E_i^t/X_i^t) / (E_i^0/X_i^0) \qquad (3-3)$$

QC_i 为第 i 种产品的质量变化。E_i^t、X_i^t 分别为报告期第 i 种产品的出口总额和出口数量；E_i^0、X_i^0 分别为基期第 i 种产品的出口总额和出口数量。若该指标值大于 1，表示以出口价格反映的农产品质量上升；该指标值小于 1，表示农产品质量下降。

表 3-3　中美质量升级指数比较

国家	2006—2010 年			
	全部蛋品	带壳鸡蛋	蛋粉	液态蛋
中国	1.5	1.6	1.7	1.0
美国	1.3	1.3	1.3	1.5

（续）

国家	2011—2013 年			
	全部蛋品	带壳鸡蛋	蛋粉	液态蛋
中国	1.1	1.1	1.2	1.0
美国	0.8	0.8	1.0	1.0

数据来源：联合国粮农组织数据库。

总体上看，中国鸡蛋产品的质量升级指数均大于 1（表 3 - 3）。将 2006—2010 年和 2011—2013 年中美鸡蛋产品质量升级指数进行比较可以看出，中国鸡蛋产品质量处于不断上升过程。从单种商品看，2006—2010 年，蛋粉和带壳鸡蛋的质量升级指数较大，分别是 1.7 和 1.6，说明蛋粉和带壳鸡蛋的质量提高幅度较大。2011—2013 年这两种商品的质量升级指数有所减小，分别为 1.1 和 1.2，但也高于美国同类指数数值，反映了这两类商品质量的上升。相比之下中国液态蛋的质量变化不是很明显。

（四）小结

通过对中美两国竞争力对比分析发现，虽然中国蛋品国际市场占有率低于美国，但显示性比较优势指数表明，中国蛋品国际竞争力略强于美国。具体来说，中国带壳鸡蛋国际竞争力较强，但蛋粉和液态蛋国际竞争力很弱，并且中国蛋品质量升级速度快于美国。

四、中美蛋鸡产业竞争力影响因素比较分析

（一）集中化和标准化水平差距

大规模的蛋鸡养殖公司主导了美国蛋鸡产业的发展，支撑了美国蛋鸡养殖的集中化趋势。目前，美国蛋鸡存栏量超过 1 000 万只的公司至少有 5 家，存栏量超过 500 万只的公司有 17 家，存栏量超过 100 万只的企业有 63 家，排名前 5 位企业的蛋鸡存栏量达到美国蛋鸡存栏总量的 1/3。美国推行"五星鸡蛋全面质量保障计划"，在鸡舍的清洁、害虫消除、蛋清洗、

生物安全和冷藏等方面要求严格，大大提高鸡蛋和蛋加工品品质。美国还建立起高度集约化的产销体系，大型蛋品企业实行饲料生产、鸡蛋生产、鸡蛋加工与销售一体化经营，使美国鸡蛋和蛋加工品在国际上也受到众多消费者信赖。

相比之下，我国蛋鸡养殖依然是"小规模，大群体"，小规模低水平的饲养方式仍占相当大的比重，至少 60% 的鸡蛋由蛋鸡养殖场提供，整个蛋鸡养殖行业尚未建立行业的准入制度，缺乏规划。而且，由于养殖主体的生产粗放、信息不灵、防疫条件差、标准化程度低、良种化程度不高，使得养殖的标准化难以实现（杨宁等，2014）。

（二）自动化和机械化水平差距

美国自动化养殖机械的投入，有效降低了饲养过程中人工投入数量，极大地解决了美国人工成本过高的问题，有助于规模化养殖场降低经营成本，获得更高的养殖收益。

相比之下，我国蛋鸡养殖的自动化和机械化水平较低，尤其是我国蛋鸡养殖主要是以阶梯笼养为主，集中笼养情况下由于受到养殖习惯和改善养殖方式成本较大等因素的影响，养殖主体在改善养殖设备方面的投资较大，在蛋鸡养殖收益不稳定的情况下，推行蛋鸡养殖自动化和机械化比较困难。

（三）蛋品的深加工技术水平差距

美国深加工蛋品种类繁多，广泛用于食品加工企业，如蛋粉、液态蛋、冰蛋、特种蛋制品等。为适应企业各种加工需求，美国针对每类蛋制品又研发制造出多种产品。液态蛋中，有全蛋液、蛋白液、蛋黄液、加盐蛋黄液、加糖蛋黄液、酶改性蛋黄液等。加工技术的优势使美国蛋加工品受到国际市场欢迎，不仅出口北美，还大量远销至东亚及其他国家和地区。

美国鸡蛋加工比例已达到 30% 左右，而我国鸡蛋主要以国内鲜蛋消费为主，蛋品加工量只有 1%，大型生产加工类企业只有 18 家，且经营规模小，蛋加工品在国际上无法与美国媲美。我国鸡蛋加工业还处于尚待开发的初级阶段的根本原因在于，我国鸡蛋加工品的市场潜在需求容量过小。受制于进口国严格的"门槛"限制壁垒，鸡蛋加工品的出口缺乏吸引力，因此，市场需求驱动力严重不足，成为影响我国鸡蛋加工业发展的瓶颈。而且我国的蛋品加工企业数少、产品加工能力小，在我国蛋鸡产业发展的关键阶段，行业缺乏观念、市场、技术以及运作模式的创新，制约了鸡蛋加工业的发展。

五、 提高中国蛋鸡产业竞争力的对策建议

（一）提高饲料转化效率以降低饲料成本

跟踪饲料生产、饲用等环节，科学测算饲料转化效率，提出提升饲料转化效率的途径。搭建高效运转的产学研平台，研发适合中国蛋鸡养殖业的饲料配方，形成适用于不同品种、不同养殖区域的饲料配方体系。推进蛋鸡养殖场饲料机械的推广应用，实现饲料饲用的全程智能化、机械化。

（二）推进蛋鸡养殖规模化、标准化

改变"小规模、大群体"的发展模式，提升蛋鸡养殖规模化。落实规模养殖用地政策，合理规划蛋鸡养殖，优化蛋鸡养殖格局。推广智能化、机械化蛋鸡养殖。充分利用标准化示范场的作用，借力新技术、新设备的推广应用，加快标准化进程。

（三）加快专业化育成行业的发展

整合政策和项目资金，加强专业化育成的支持力度，建立一批大规模、高标准的蛋鸡育成基地，持续扶持一批蛋鸡育种育成龙头企业，加快蛋鸡良种的商品化进程，提高蛋鸡综合生产能力。在蛋鸡专业化育成行业

发展过程中，需要提供和配套符合产业发展以及市场导向的科学技术，尤其是良种、饲料与营养、疫病防控等方面的新品种、新技术、新设备，以提升育成产业的科技水平和发展潜力。

（四）提升鸡蛋加工水平

鸡蛋加工将主要面向国际市场，重点抓好鸡蛋新产品开发，加大技术研发力度和政策扶持，按照"引进、培植和整合"思路，引进一批科技含量高、投资规模大、出口能力强的鸡蛋加工企业，培植做大做强一批传统鸡蛋加工企业，整合资源组建一批新型鸡蛋加工企业的发展思路，加快发展步伐。同时，要研发并形成以生物技术为主、具有高附加值的鸡蛋深加工业，扩大蛋鸡产业的外向度，提高我国鸡蛋制品的出口能力，提升我国蛋鸡产业的国际竞争力。

（五）提升蛋鸡产业化经营水平

重点扶持区域优势明显的蛋鸡规模养殖生产基地，扩大以龙头企业带动的优势蛋鸡区域，无公害、绿色和有机蛋鸡生产示范基地，建立优势出口蛋鸡养殖基地与加工型龙头企业配套的养殖和育种基地；围绕蛋鸡加工开发和蛋品批发市场等环节，重点抓好蛋鸡龙头企业建设。积极创建名优品牌，开拓蛋鸡市场，加快我国蛋鸡产、加、销一体化龙头企业的发展。中央重点扶持国家级龙头企业，地方可通过资本运作、股份合作、招商引资等形式，加快蛋品加工和批发市场等企业的规模扩张，完善经营机制，增强带动养殖户的生产能力；按照"利益共享，风险共担"的基本原则，采取政策扶持、项目带动、示范推广等措施，积极引导养殖户组建各类蛋鸡合作经济组织，使之在蛋鸡繁育、蛋鸡养殖基地、蛋鸡质量管理、加工、流通、销售等方面逐步拓展规模和规范管理。

第四章

中国鸡蛋市场供需形势及展望*

2020 年新冠肺炎疫情重大突发公共卫生事件，对蛋鸡产业产生了多方位、多维度的影响，严重冲击了鸡蛋市场的平稳发展，给鸡蛋市场供需带来了不确定性。鉴于此，本章在梳理及总结 2020 年鸡蛋市场供需形势及展望 2021 年的基础上，依据疫情影响以及后疫情时代蛋鸡产业仍然存在的突出问题，提出应对突发事件以及提升产业发展水平以保障产业健康发展的对策措施。

一、2020 年鸡蛋市场供需形势回顾

（一）产蛋鸡存栏高位，鸡蛋供给充足

受非洲猪瘟疫情的影响，生猪产能快速下滑，作为猪肉主要替代品的鸡蛋，消费量大幅上涨，有效支撑了 2019 年鸡蛋市场行情持续向好（孙从佼等，2020），蛋鸡养殖维持了 2018 年较大的利润区间，尤其是2019 年8—11 月鸡蛋批发市场月均价格超过了 10 元/千克，激发了养殖场（户）补栏、扩栏的积极性，出现了蛋鸡补栏、扩栏的高潮。根据蛋鸡养殖周期，2019 年下半年补栏、扩栏的蛋鸡在 2020 年上半年释放产能，2020 年 3 月出现了产蛋鸡存栏量全年的最高点，5 月活禽交易市场开始陆

---

* 发表于《中国家禽》2021 年第 3 期。

续开放，产蛋鸡存栏才开始出现明显下降，产蛋鸡存栏下降的趋势虽然一直持续到年底，但由于产蛋鸡的存栏量处于历史高位，持续去产能未影响鸡蛋的有效供给。总的看，2020 年产蛋鸡存栏量全年处于历史高位，鸡蛋市场供给充足。

（二）上半年鸡蛋消费低迷，下半年鸡蛋消费恢复正常

受新冠肺炎疫情的影响，一季度鸡蛋集中性餐饮需求以及团体性消费需求下降幅度大，导致一季度鸡蛋消费比往年有明显减少。二季度餐饮行业未完全营业，大中专院校开学及企业复工时间延迟，餐饮消费、团体消费需求虽然有所复苏，但依然低于上年同期。进入三季度，新冠肺炎疫情防控进入常态化，餐饮及鸡蛋加工进一步恢复，鸡蛋消费稳中有升，并恢复至往年正常水平。鸡蛋消费回升的趋势延续到了四季度，鸡蛋消费受中秋、国庆以及元旦等节日的影响，鸡蛋消费显著增加。总的看，鸡蛋消费的形势与新冠肺炎疫情防控的形势直接相关，上半年处于新冠肺炎疫情防控的关键期，鸡蛋消费受影响较大，下半年新冠肺炎疫情防控常态化，鸡蛋消费恢复正常。

（三）鸡蛋供给过剩，蛋价明显回落

综合以上对鸡蛋供给和消费的分析来看，鸡蛋市场供给充足，而鸡蛋消费则出现了波动，鸡蛋供给明显过剩，导致 2020 年鸡蛋价格低位运行，据农业农村部监测，2020 年月均鸡蛋零售价、批发价分别为 9.28 元/千克、7.52 元/千克，比 2019 年分别下跌 13.43%、18.88%。从季度变化来看，2020 年上半年鸡蛋价格持续下跌、下半年蛋价回升企稳，一季度，鸡蛋价格处于规律性下跌期间。新冠肺炎疫情加剧了鸡蛋价格下降，造成 2 月鸡蛋批发价出现了 2019 年 9 月以来 18.45% 的最大环比降幅。二季度，随着通道路、保供给、恢复产销秩序以及鸡蛋收储、蛋鸡养殖补贴等政策措施的实施，新冠肺炎疫情对鸡蛋价格的影响趋弱，但鸡蛋价格在第二季度仍然持续下降，主要原因在于供给过剩（黄俊毅，2020）。三季度鸡蛋价格持续回升，除了因为三季度蛋鸡存栏量比上半年略有下降，以及高温天气影响鸡

蛋产能导致鸡蛋供应稳中有降外，主要原因在于4个需求的增加，分别是鸡蛋加工需求增加、团体性消费需求增加、集中性消费需求增加、替代需求增加。四季度鸡蛋价格先下降、后回升，主因在于中秋国庆以后鸡蛋消费出现了明显减少，蛋价未能延续节前向好的趋势，进入12月以后，元旦、春节等节日临近，鸡蛋加工需求和集中性餐饮需求增加，且鸡蛋去产能不断深入，鸡蛋价格止跌回升。总的看，由于鸡蛋供给过剩，导致鸡蛋价格与上年相比明显回落（牛东来等，2020），但总体延续了往年的波动规律。

（四）养殖场亏损运营，下半年去产能明显

2020年鸡蛋价格明显回落，全年低位运行，鸡蛋出场价比前文提到的零售价及批发价更低，据了解，2—6月，鸡蛋出场价持续低于成本价，养殖场（户）连续亏损5个月。进入三季度以后，鸡蛋价格明显回升，根据对主产区蛋鸡养殖的调研，7月下旬以后，鸡蛋出场价超过了成本价，蛋鸡养殖扭亏为盈，蛋鸡养殖走出了接近半年的亏损期，之后的3个月蛋鸡养殖持续盈利，11月则因鸡蛋消费无节日效应的刺激，出现明显减少，鸡蛋出场价低于成本价，蛋鸡养殖再次出现亏损，而12月因元旦、春节等节日临近的影响，鸡蛋消费出现回升，鸡蛋价格向好，鸡蛋出场价略高于成本价，蛋鸡养殖略有盈利。全年来看，蛋鸡养殖有5个月盈利，其他7个月均处于亏损状态，估计2020年蛋鸡养殖场平均每千克鸡蛋亏损0.16元，蛋鸡养殖场亏损运营，正是由于蛋价低、亏损严重，养殖场（户）顺势淘汰蛋鸡，且补栏、扩栏积极性差，导致下半年蛋鸡去产能加速，估计下半年产蛋鸡存栏月均环比降幅在1.0%以上，仅下半年产蛋鸡存栏减少了约1亿只。总的看，蛋鸡行情差，养殖场亏损明显、运营困难，加速了去产能进程。

二、　2021年中国鸡蛋市场供需展望

（一）产蛋鸡存栏趋于合理，鸡蛋供给有保障

2020年的产蛋鸡高存栏，导致鸡蛋市场行情处于近3年的低谷，而

且受到新冠肺炎疫情的影响，加剧了鸡蛋供给过剩，养殖场（户）为了止损在 2020 年下半年加速去产能，考虑到 2020 年四季度蛋鸡补栏弱以及 2019 年下半年补栏、扩栏蛋鸡在 2021 年一季度陆续淘汰，预计 2021 年上半年产蛋鸡存栏量处于全年低位。但由于 2020 年底的产蛋鸡存栏水平处于历史中高水平，即使 2021 年上半年去产能不断深入，鸡蛋供给还是有保障的，而且生猪产能恢复，鸡蛋对猪肉的替代效应减弱，有利于鸡蛋的有效供给。进入 2021 年二季度后，鸡蛋市场行情向好，产蛋鸡存栏触底，养殖场（户）补栏、扩栏积极性高，使得下半年产蛋鸡存栏将出现明显回升，能够满足市场对鸡蛋的需求。总的看，2021 年产蛋鸡存栏先减少、后增加，存栏水平有望达到过去 3 年的平均水平，能够有效支撑鸡蛋市场供给。

（二）疫情影响减弱，鸡蛋消费回归正常

2021 年新冠肺炎疫情在国内仅是局部地区散发，新冠肺炎疫情对蛋鸡产业的影响减弱，鸡蛋团体性消费、集中性消费受影响有限，鸡蛋消费回归正常。分季度看，春节前是鸡蛋消费的旺季，其中，户内消费增加幅度较大。春节后鸡蛋消费将明显减少，随着 3 月学校纷纷开学、务工人员回城，鸡蛋消费出现短期提振；二季度鸡蛋消费保持平稳，鸡蛋加工需求将在端午节前明显增加；三季度因国庆、中秋双节提振以及 9 月各高校开学，加上夏季人们饮食偏淡，对鸡蛋替代品猪牛羊肉的消费减少，鸡蛋消费需求增加；10 月中下旬以及 11 月因中秋、国庆节日效应减弱，鸡蛋消费出现明显回落，12 月则因元旦、春节的临近，鸡蛋消费得以提振，进入消费旺季。总的看，由于新冠肺炎疫情得到全面控制，2021 年鸡蛋消费受新冠肺炎疫情影响有限，鸡蛋消费将呈现出与往年一致的季节性变动特征。

（三）鸡蛋供需紧平衡，蛋价回升明显

结合以上对鸡蛋供给和需求的分析，2021 年鸡蛋供需结构将改善，

鸡蛋价格将明显回升。分季度看，一季度鸡蛋价格震荡企稳略有下跌。春节前鸡蛋消费处于旺季，鸡蛋供给则呈现出减少的趋势，鸡蛋价格继续走高。春节后鸡蛋消费出现下滑，鸡蛋价格将出现下跌。而进入3月中旬以后，学校纷纷开学、务工人员回城，鸡蛋消费短期提振，鸡蛋价格将有所回升；二季度鸡蛋价格向好。二季度的产蛋鸡存栏处全年低位，鸡蛋消费将缓慢增加，而且有端午节的提振，鸡蛋供需紧平衡促使蛋价上涨；三季度蛋价处高位。三季度有中秋节、国庆节的提振，鸡蛋消费处于旺季，鸡蛋产能则因高温、高湿天气受影响，鸡蛋供需仍将保持紧平衡的状态，鸡蛋价格大幅上涨；四季度蛋价小幅下跌。国庆节之后鸡蛋消费出现一个半月的消费淡季，鸡蛋价格小幅下跌，进入12月以后，鸡蛋消费因元旦、春节等节日得以提振，鸡蛋价格回升。四季度蛋价有跌、有涨，整体小幅下跌。总的看，2021年鸡蛋供需结构将改善，鸡蛋价格相比2020年将会出现明显回升。

（四）鸡蛋价格上涨，蛋鸡养殖有望盈利

根据以上对鸡蛋价格的预测，2021年鸡蛋市场行情要好于2020年，预计全年蛋鸡养殖有望盈利。分季度看，2021年1月和2月上旬将延续2020年12月蛋鸡养殖盈利的局面，春节后会有短期的亏损，3月蛋鸡养殖扭转亏损局面，预计能够保本运营；二季度鸡蛋价格持续向好，蛋鸡养殖进入盈利区间；三季度鸡蛋价格处于全年高位，蛋鸡养殖盈利明显；四季度蛋价震荡调整，蛋鸡养殖保本运行、略有盈利。总的看，由于2021年蛋价行情较好，蛋鸡养殖能够盈利，但与2019年相比，盈利区间变窄。

三、需要关注的问题

（一）重大突发事件对鸡蛋市场供需影响大

从2018年8月非洲猪瘟疫情发生一直到2020年1月，蛋鸡产业得到快速发展，鸡蛋供给和需求出现了双增，且供需紧平衡、鸡蛋价格高涨是

这一时期的典型特征。新冠肺炎疫情发生以后，鸡蛋消费出现大幅下降，鸡蛋供给则因 2019 年鸡蛋行情好，蛋鸡补栏、扩栏数量多，使得 2020 年产蛋鸡存栏量高位、鸡蛋供给充足，鸡蛋供给过剩、蛋鸡低位运行是这一时期的典型特征。需要强调指出的是，重大突发事件对蛋鸡产业发展影响较大，给鸡蛋市场供需带来不确定性，鸡蛋供需出现了"大起大落"，难以保障生产和消费者的利益，产业发展的稳定性受到冲击，影响到了产业的高质量发展。

（二）鸡蛋期货套期保值功能发挥有限

2014 年、2017 年以及 2019 年下半年以来，鸡蛋期货市场活跃程度和流动性较高，而其他时期鸡蛋期货市场活跃程度并不高，流动性风险相对较大，限制了鸡蛋期货市场套期保值功能的发挥。另外，目前来看，我国蛋鸡养殖"小规模、大群体"的发展格局尚未改变，鸡蛋供应仍以存栏 1 万只以下的养殖场（户）为主，而该部分养殖场（户）鸡蛋期货的参与度很低，主因在于该部分养殖场（户）不具备参与的能力，参与鸡蛋期货的主体多为大规模养殖、加工企业以及期货投机者，即鸡蛋期货未能为养殖场（户）套期保值以及获取超额利润。

（三）鸡蛋市场供需预警体系急需完善

我国鸡蛋市场供需预警体系已经建立，但目前来看仍需完善，尤其是以下两个方面：一方面是鸡蛋市场供需数据库建设存在短板。根据对鸡蛋市场供需数据的了解，鸡蛋供给及需求缺乏权威数据的支持，鸡蛋出场价、批发价、零售价虽有监测，但有待提升系统性的梳理以及集结成数据库；另一方面是养殖场（户）获取鸡蛋市场供需预警信息的能力差。目前有政府、企业、协会等组织或机构通过网站、微信公众号等传播鸡蛋市场预警信息，但养殖场（户）由于自身素质及能力的限制，能够获取部分或完全获取不到鸡蛋市场供需预警信息，这也制约了预警作用的发挥。

四、 研究结论与对策建议

通过对中国鸡蛋市场供需形势的分析发现：一是2020年产蛋鸡存栏全年保持高位，鸡蛋供给充足。鸡蛋消费则在2020年上半年受新冠肺炎疫情影响明显，随着新冠肺炎疫情得到全面控制，鸡蛋消费在下半年恢复，全年呈现出供大于求的局面，这也导致鸡蛋价格与近几年相比，处于低水平，而饲料价格又持续上涨，养殖场未能延续2019年的高盈利，出现了明显亏损。二是2021年养殖场（户）理性补栏、扩栏蛋鸡，产蛋鸡存栏趋于合理，鸡蛋供给有保障，鸡蛋消费则受新冠肺炎疫情影响小，将回归正常。在鸡蛋供需紧平衡下，蛋价回升明显，蛋鸡养殖有望盈利。三是目前仍然存在重大突发事件对鸡蛋市场供需影响大、鸡蛋期货套期保值功能发挥有限以及鸡蛋市场供需预警体系不健全等问题急需解决。

基于以上研究结论，为了应对突发事件以及提升产业高质量发展水平，提出以下对策建议。

第一，完善突发事件应急响应机制，强化配套政策体系建设。建立与突发公共卫生事件相配套的包括蛋鸡产业在内的农业领域的响应机制，在机制完善过程中，要区分全国性突发公共卫生事件以及区域性突发公共卫生事件；在疫情发生的不同阶段，需要不同政策的支撑，在疫情发生初期及中期，需要出台维持蛋鸡产业发展的政策，在疫情消退期，需要出台恢复及刺激蛋鸡产业发展的政策；加大蛋鸡产业相关保险的支持力度，推动扩大保险覆盖面，并提高保险保费补贴标准，最大程度上发挥政策性保险减轻生产风险及市场风险的作用。

第二，推动鸡蛋期现货市场良性互动，提高蛋鸡养殖户期货市场参与度。进一步健全鸡蛋市场监管机制，完善鸡蛋期货市场合约规定，使之更符合我国蛋鸡产业发展实际，并强化鸡蛋期货市场违规操作的监管，从而更好地发挥期货市场作用；注重鸡蛋期货宣传培训，利用现场培训班、宣传单等线下方式的同时，还可以依托微信公众号等线上方式，"线上＋线下"相结合，多渠道、多形式开展鸡蛋期货的宣传培训，辅导蛋鸡养殖主体利用好期货市场工具以及科学预警鸡蛋市场走势，引导蛋鸡养殖户通过合作社或"企业＋农户"的形式参与进来，充分发挥鸡蛋期货市场的价格发现以及套期保值功能，化解鸡蛋市场价格波动风险。

第三，加强数据库建设，健全鸡蛋市场供需预警体系。系统梳理鸡蛋市场供需数据，着重加强不同代次蛋鸡的存栏量、供应链不同环节鸡蛋价格以及投入品价格的数据建设，形成完善的鸡蛋市场供需预警数据库。健全鸡蛋市场供需预警体系，注重预警信息的发布，利用网站、微信公众号等方式发布预警信息，方便蛋鸡从业者预判市场变化。而且还要做好应对新冠肺炎疫情等重大突发事件的应急预案，做好宣传和培训，增强养殖主体、市场主体对市场信息的接收和判断能力。

第五章

我国蛋鸡产业转型升级的思考及建议 *

自 1985 年以来我国鸡蛋产量一直位居世界首位，据国家统计局数据及经验参数测算，2018 年鸡蛋产量达到 2 659 万吨，是 1985 年的 5.85 倍。就近些年的发展态势来看，我国蛋鸡产业已经基本达成良种化、规模化、标准化、专业化、设施化和市场化（吕智超等，2014；杨宁，2015；黄俊毅，2019），当前我国蛋鸡产业已经进入转型升级的关键期。在转型升级阶段，为了应对资源环境约束与可持续发展、养殖成本上升与提质增效、消费转型升级与安全管控难、生物安全屏障与疫病防控形势严峻等挑战（朱宁等，2016），急需开展有关中国蛋鸡产业转型升级问题的研究，这对于实现蛋鸡产业兴旺具有重要意义。

一、 中国蛋鸡产业转型升级的必要性分析

（一）国际先进水平驱动中国蛋鸡产业转型升级

与国际先进水平相比，我国蛋鸡产业发展仍有差距，急需通过转型升级提升我国蛋鸡产业发展水平。具体的差距表现在，一是以市场需求为导向发展蛋鸡产业。世界主要发达国家蛋鸡养殖模式的变化，大都与消费者的需求变化有关，通过消费需求实现蛋鸡产业链的优化。二是注重成本控

---

* 发表于《中国家禽》2019 年第 16 期。

制，提高规模经济效益。大规模养殖场进行成本控制和注重规模经济效益是美国蛋鸡产业的基本特征之一，这对于实现产业的健康发展以及可持续发展至关重要。三是发展鸡蛋深加工业。美国等国家鸡蛋加工成为鸡蛋的一个重要流向，有超过 30% 的商品蛋被制作成液蛋或其他蛋制品（朱宁等，2016）。四是科技助力蛋鸡产业。美国、欧盟、澳大利亚和日本蛋鸡产业发展水平处于领先地位，主要是因为这些国家及地区把更多、更新的科学技术应用于蛋鸡生产、加工全产业链中，尤其是机械工程技术、良种化技术、生态农业技术、数据化技术、信息技术。结合我国蛋鸡产业的发展来看，由于与国际先进水平存在的明显差距，造成了我国蛋鸡产业供给质量不高，可持续发展能力弱，经济效益差，蛋品深加工水平低以及蛋鸡养殖标准化、自动化、机械化程度低等，急需通过转型升级达到或超过国际先进水平。

（二）养殖增效推进中国蛋鸡产业转型升级

我国蛋鸡养殖业增效的主要途径体现在养殖成本的降低，这就需要蛋鸡养殖标准化程度的提升，但我国并没有完善的以及便于实施和操作的标准化模式。目前，"小规模、大群体"的蛋鸡养殖模式，仍是我国鸡蛋生产的基本模式，再加上我国鸡蛋生产主要位于农村地区，分散养殖模式造成了鸡蛋销售难、价格不稳定和流通不畅等问题，缺乏鸡蛋批发和零售的专业市场。而且我国生产和销售的鸡蛋大多没有品牌、大小规格以及用途等方面的明确规定，这使得养殖户不仅不能分享规模经济带来的平均生产成本下降的益处，而且带来了过度竞争问题。

（三）环保压力促使中国蛋鸡产业转型升级

我国蛋鸡产业发展存在环境短板，目前，包括蛋鸡粪污在内的畜禽粪污综合利用率仅约为 60%，急需推进畜禽粪污的资源化利用以缓解环保压力。为此，2017 年以来国务院办公厅、国家发改委、农业农村部等部门相继印发了有关畜禽粪污资源化利用的通知、意见、行动方案、工作方案等，诸多政策措施有力地推进了蛋鸡粪污资源化利用，但仍然存在包括蛋鸡粪肥在内的畜禽粪肥市场机制不健全、供给与需求不匹配、资源化利用投入渠道单一及运营困难等问题，这些问题对于推进蛋鸡粪污资源化进程、实现蛋鸡粪肥替代化肥以及缓解农业面源污染等方面影响较大，需要通过蛋鸡产业的转型升级以实现蛋鸡规模养殖与环境保护的协调发展。

（四）消费行为变迁与质量保障推动中国蛋鸡产业转型升级

随着人们经济收入和生活水平的提高，愈发倾向于选择质量有保障、营养丰富的鸡蛋，价格对人们鸡蛋购买的影响越来越小。然而，我国蛋鸡产业在质量管控方面仍存在一些问题，尤其表现在鸡蛋质量安全及产品追溯体系有待完善、鸡蛋标准有待完善、尚未健全鸡蛋产品可追溯网络平台技术系统等方面，究其原因主要体现在四个方面：一是散户、小户生产仍占有较大比重，养殖生产点分散，呈现出监管难、费用高的局面；二是鸡蛋检测设备落后，经费缺乏，鸡蛋质量安全体系及机制尚不健全；三是缺乏专业的饲料、兽药营销人员与养殖户的直接对接，造成部分养殖户盲目用药、过度用药现象突出；四是个别从业者受利益驱动，违规生产，并逃避监管。

（五）鸡蛋加工薄弱急需中国蛋鸡产业转型升级

我国鸡蛋中的95％以鲜蛋形式消费，4％左右用于传统再制品的加工，不到1％用于液蛋、蛋粉的深加工，相比之下，美国鸡蛋加工比例已达到30％左右（朱宁等，2016，2018）。造成我国鸡蛋加工薄弱的原因在于：一是鸡蛋来源分散，蛋源品质参差不齐，导致蛋品加工源头难以控制，影响蛋品质量；二是科研成果没有得到高效的转化和应用，加工研究与实际生产脱节也比较严重，科研成果产业化不足；三是传统蛋制品（再制蛋）加工优势未能有效挖掘；四是蛋制品加工设备未能实现国产化，进口设备不适用于加工传统蛋制品。

二、 中国蛋鸡产业转型升级的助力分析

（一）鸡蛋需求刚性增长释放发展新潜力

目前，增加鸡蛋市场需求的动力主要来自城乡人均可支配收入的增长和城镇化的推进，具体来看，在城乡人均可支配收入增长方面，近些年，我国城乡居民人均可支配收入均有了明显提高，鸡蛋以及相关的蛋制品作为优质且经济实惠的蛋白质摄入品种，成为消费者菜篮子里必选的重要商品之一；在城镇化水平提高方面，统计数据显示，2020 年末常住人口城镇化率超过了 60％，大量的新增城镇人口进城伴随的是消费习惯的改变和消费水平的提升，而鸡蛋及相关蛋制品作为最经济实惠、性价比最高的优质动物营养摄取来源，也成为首选。正是由于以上两方面的推动力，我国鸡蛋需求刚性增长为蛋鸡产业发展提供了广阔的市场潜力。

（二）科技创新与技术应用助推产业发展

科技创新与技术应用对于我国蛋鸡业生产起着基础性的支撑作用，目前，我国蛋鸡育种、防疫、饲料和环境控制技术加速创新，技术推广体系不断完善，配套技术应用较为普遍（秦富，2017）。从育种来看，国家重视国内自主品种的培育和持续发展。以蛋鸡为例，国家实施了"全国蛋鸡遗传改良计划"，将种蛋鸡种业作为基础性、战略性产业予以重点支持，并明确了总体目标；从防疫来看，我国的动物疫病防控技术的创新趋于信息化、标准化、规范化和产业化，防控技术系统的结构更加完善、层次更加清晰、目标更加明确；从饲料来看，我国已经成为世界第一饲料生产大国，饲料行业的科研基础条件明显改善，科技创新能力显著增强，科技人才队伍进一步壮大，饲料企业不断发展，新配方不断出现。

（三）环境政策促进蛋鸡废弃物资源化利用

在相关法律法规方面，我国自 2014 年 1 月 1 日起发布及实施《畜禽规模养殖污染防治条例》以来，国家相继实施了畜禽粪污资源化利用、果菜茶有机肥替代化肥、化肥使用量零增长以及种养结合的法律法规及政策措施，为推进包括蛋鸡废弃物在内的畜禽废弃物资源化利用提供了法律依据及政策支持。在以上环境政策的实施过程中，各级政府均加强了环保督查力度，划定了禁、限养区，对不符合环保要求的蛋鸡养殖场进行了依法、依规整治，尤其是不符合环保要求的中小规模养殖场。环保政策的实施，一方面有力地促进了蛋鸡废弃物资源化利用以及蛋鸡规模养殖与环境保护的协调发展，另一方面加速了蛋鸡产业转型升级，尤其是推动了蛋鸡养殖规模化、标准化、智能化以及鸡蛋品牌化。

三、　促进中国蛋鸡产业转型升级的思考与建议

（一）提升蛋鸡养殖水平

推广高效安全养殖技术，提升蛋鸡养殖水平，建议重点开展以下三项工作：一是推进蛋鸡养殖规模化、标准化。改变"小规模、大群体"的发展模式，提升蛋鸡养殖规模化。充分利用标准化示范场的作用，借力新技术、新设备的推广应用，加快标准化进程（朱宁等，2018）。二是鼓励蛋鸡养殖设施设备升级。激励高校科研院所和企业开展有关蛋鸡养殖智能化设备的研究，促使设施设备的智能化与物联网技术充分融合。鼓励并扶持蛋鸡养殖场（户）采用智能化设施设备，加强对投入品的自动化智能化控制管理与实时记录。实现鸡蛋产品安全、环境生态安全、养殖生物安全的智慧管理及预警。三是建立完善的疫病综合防控体系。引导养殖场（户）加强饲养管理，树立防胜于治的理念（孙从佼等，2019）。组织高校科研院所加快重大疫苗研发进度，提升疫苗研发效率，保障蛋鸡产业平稳发展。

（二）加强食品监管

鸡蛋产品的质量直接影响消费者的生活品质和安全问题，需要加强监管，一是对于大型养殖场，全程监督对蛋鸡养殖过程及蛋品加工过程；二是对于中小型养殖场，加强抽检批次和力度，并鼓励建立喷码追溯体系；三是在制定严格的蛋品生产标准的基础上强化有效监督。政府部门需健全并完善蛋品质量监管体系，制定并颁布蛋品生产质量标准指南及相关的监管条例，监督蛋品从生产到加工、储运整个链条的质量安全。

（三）打造品牌竞争力

着力打造培育我国蛋品品牌，促进蛋制品健康、快速、持久发展。具体来说：一是加强我国蛋品企业品牌保护体系建设，完善支持和鼓励品牌发展的政策、制度和服务体系，促进品牌培育专业人才队伍逐步壮大，品牌宣传普及面不断拓宽；二是做大做强知名蛋品产业品牌，引导蛋品企业改进竞争模式，提高品牌质量，在学习国外先进技术的同时，加强自身的技术创新，促进蛋品知名品牌实现价值升级，增加品牌附加值；三是积极培育蛋品企业国际知名品牌。将我国蛋品产业优势和国际需求特别是与"一带一路"倡议相结合，鼓励有竞争力的蛋品企业"走出去"，引导蛋品企业在国际贸易中使用自主商标，推进国内品牌向国际市场延伸。

（四）推进种养结合

蛋鸡废弃物资源化利用的关键在于与市场的对接，这就需要种养结合，一是建立全国不同区域实施种养结合的养分平衡技术标准与操作规范；二是种养结合与粪污资源化利用的相关农业基础设施完善，农机具设施设备产业壮大发展，并能支撑上述需要，基本实现农机化作业，劳动效率明显提升；三是种养结合产业链各方市场机制健全，包括养殖业、种植业、设施设备产业、肥料产业以及第三方服务产业大军；四是建立相关地方主管部门对粪污实施资源化利用是否科学规范的效果评估与监管机制，建立充分的田间培训机制。

（五）借鉴国际经验调控产能

针对我国鸡蛋产能年度间波动较大的局面，可以借鉴国际经验，调控产能缓解波动。可借鉴加拿大通过市场配额制度调控蛋鸡饲养量的经验，实行全国统一的蛋类供应管理，通过鸡蛋的需求核定各省的蛋鸡饲养量，即通过调整供应来满足消费者需求。可借鉴欧盟经验，通过种养结合核定养殖量，明确规定养殖场饲养规模必须与其所拥有的土地规模配套。其中，荷兰要求国内养殖场实行农牧结合，规定畜禽粪便输入农田和草地；德国实施农田养分管理，以种定养，以养促种，良性循环。可借鉴日本制定"鸡蛋生产指导方针"，日本在调查蛋鸡存栏量及后期存栏增减动向基础上，参考消费者和鸡蛋销售企业意见，分析鸡蛋供需现状，预测下一年度的供需趋势，形成下一年度的"鸡蛋生产指导方针"，由生产者自主判断决定生产。

第二篇 | DIERPIAN

蛋鸡养殖规模化及效率分析

第六章

中国蛋鸡养殖规模化研判 *

改革开放以来，我国蛋鸡养殖业发展迅速，鸡蛋产量连续 30 多年位居世界第一。目前来看，蛋鸡养殖业已基本完成良种化、专业化、设施化演进（杨宁，2019；孙从佼等，2020），尤其是我国在鸡蛋生产和环境控制、疾病控制、营养与饲料等方面涌现出了一系列新技术、新方法、新配方、新工艺，有力地推动了我国蛋鸡养殖的规模化进程（朱宁等，2019）。据已有研究表明，蛋鸡养殖规模化程度在我国主要的畜禽养殖中是最高的，要明显高于生猪、奶牛、肉鸡的规模化养殖程度。那么，在以上的发展背景下，有必要对我国蛋鸡养殖规模化的基本态势进行分析，并结合有关蛋鸡养殖规模化推动力以及难题的梳理，提出进一步提升我国蛋鸡养殖规模化的对策建议，对于我国蛋鸡养殖业的提质增效、转型升级具有重要意义。

一、 中国蛋鸡养殖规模化基本态势

就中国蛋鸡养殖规模化目前的发展态势看，中国蛋鸡养殖"小规模、大群体"的规模化局势还未能改变，而且中国蛋鸡规模化的程度以及单场养殖规模与美国、日本还存在明显差距，虽然中国与国外存在差距，但我国的大规模养殖场的养殖规模以及养殖水平已经能够与国外最高水平相媲美。

---

* 发表于《中国禽业导刊》2020 年第 11 期。

（一）"小规模、大群体"的规模化局势短期内难以转变

自 1978 年以来，我国蛋鸡养殖经历了初步发展期、快速发展期、稳定发展期以及转型升级期，其中，在初步发展期和快速发展期，我国蛋鸡养殖以农户散养为主，进入稳定发展期后，我国蛋鸡养殖涌现出了不同规模的蛋鸡养殖场，其中部分养殖场实行了公司化运行，之后进入的转型升级期，我国蛋鸡养殖规模得到进一步提高，如表 6-1 所示，2011 年之后蛋鸡养殖场（户）年存栏 10 000 只及以上的数量占比逐渐增长。从表 6-1 中还可以看出，我国年存栏量在 500 只以下的养殖场（户）保持在占比 96％以上，而且年存栏 10 000 只以下的蛋鸡养殖场（户）数量占比要远高于年存栏 10 000 只及以上的养殖场（户）的数量，该结果表明我国蛋鸡虽然历经 40 年的平稳发展，但"小规模、大群体"的发展局势仍未有改变，预计短期内也难以转变。

表 6-1 中国各规模蛋鸡养殖场（户）占比统计表

单位：%

年份	1～ 499 只	500～ 1 999 只	2 000～ 9 999 只	10 000～ 49 999 只	50 000～ 99 999 只	100 000～ 499 999 只	500 000 只 以上
2011	96.40	2.11	1.30	0.18	0.01	2.87E-03	1.24E-04
2012	96.32	2.09	1.36	0.22	0.01	3.76E-03	1.37E-04
2013	96.11	2.15	1.47	0.25	0.01	5.00E-03	1.78E-04
2014	96.29	2.02	1.41	0.25	0.02	5.36E-03	1.84E-04
2015	96.12	2.11	1.47	0.27	0.02	6.47E-03	2.58E-04
2016	96.25	2.01	1.41	0.31	0.02	7.21E-03	4.11E-04
2017	96.54	1.92	1.20	0.31	0.02	8.60E-03	6.18E-04
2018	96.83	1.69	1.13	0.32	0.02	1.02E-02	7.03E-04

数据来源：历年《中国畜牧兽医年鉴》。

（二）中国蛋鸡规模化水平明显低于国外先进水平

利用统计年鉴数据对我国规模养殖场蛋鸡平均养殖规模进行了测算

（表 6 - 2），自 2004 年以来，我国规模养殖场蛋鸡平均养殖数量呈上升趋势，尤其是 2012 年以后，我国规模养殖场蛋鸡平均养殖数量明显增加，近 6 年，规模养殖场蛋鸡平均养殖数量增加了 1 000 只。虽然我国蛋鸡养殖规模增长较快，但与美国、日本相比，我国蛋鸡养殖场的养殖规模远低于这两个国家，尤其是与美国相比，这与我国蛋鸡养殖"小规模、大群体"的规模特征有关。

表 6 - 2　鸡蛋主产国规模养殖场蛋鸡平均养殖数量统计表

单位：只

年份	中国	美国	日本
2004—2006	1 709.01	1 152 357.78	35 750.00
2007—2009	1 794.62	1 138 795.56	43 166.67
2010—2012	2 134.89	1 794 911.67	47 550.00
2013—2015	2 528.42	1 804 793.33	51 200.00
2016—2018	3 498.08	1 904 058.33	58 766.67

数据来源：鸡蛋主产国的统计年鉴以及农业农村部网站。

（三）中国大规模养殖企业发展速度明显加快

随着近些年我国大规模养殖企业引进国外以及购买国内先进的机械设备，集成行车自动喂料、传送带清粪、自动集蛋等蛋鸡高效养殖的先进技术，实现了蛋鸡养殖业从"人工喂养"的传统模式到"人管设备，设备喂养"的现代模式转变，养殖效率以及养殖水平得到明显提升，有力地推进了我国大规模养殖企业的创建。通过对国内蛋鸡养殖企业调研发现，德青源、正大集团、圣迪乐村、晋龙股份、金翼蛋品、神丹食品、韩伟集团等大规模蛋鸡养殖企业近些年发展速度较快，它们是我国蛋鸡规模养殖的典型代表，其中，德青源公司大力发展金鸡产业扶贫项目，其产蛋鸡存栏量（2 055 万只）、鸡蛋年产销量（75 亿枚）和规模化养殖场数量（30 个）均排在全国第一以及亚洲第一，该公司的蛋鸡高效养殖模式以及管理机制极大促进了中国蛋鸡养殖业的发展，在总体养殖规模以及养殖水平等方面也达到世界先进水平。

二、 中国蛋鸡养殖规模化的推动力

中国蛋鸡养殖规模化的平稳提升，主要的推动力在于人们对鸡蛋需求保持旺盛，尤其是对高品质安全鸡蛋的需求，除此之外，环保监察的推动以及养殖技术的集成与提升也有效推动了蛋鸡养殖规模化程度的提高。

（一）高品质安全鸡蛋需求需要规模养殖场予以满足

鸡蛋作为优质优价的动物蛋白质来源，已经成为人们最主要的畜禽消费品之一，由于我国鸡蛋产量较高，完全能够满足人们对鸡蛋的需求，即中国鸡蛋能够自给。随着居民生活水平的提升，人们对鸡蛋品质和安全的要求越来越高，"吃的好""吃的健康"成为鸡蛋消费新趋势，高品质安全鸡蛋成为人们对鸡蛋的新需求，而高品质安全鸡蛋需要能够做到生物安全、生产安全、环境安全以及食用安全的蛋鸡养殖场提供，能够做到"四个安全"的蛋鸡养殖场往往是规模养殖场，且大多数是中大规模养殖场，为了满足消费者的需求，部分蛋鸡养殖场扩大规模，应用能够生产高品质安全鸡蛋的养殖技术与设备。总的看，人们对鸡蛋品质与安全的追求，有效助推了蛋鸡养殖规模化。

（二）环保要求助推蛋鸡养殖场（户）优胜劣汰

蛋鸡养殖环境的好坏直接关系到蛋鸡养殖效果，为了治理蛋鸡养殖环境、保持良好的蛋鸡养殖环境，近些年，各级政府十分关注包括蛋鸡在内的畜禽养殖环境，尤其是施行了环保监察工作，有效推进了蛋鸡养殖环境的治理。就不同规模蛋鸡养殖场来看，能够达到环保要求的蛋鸡养殖场往往是大规模和中规模的养殖场，小规模养殖场由于缺乏粪污处理设施设备、环境治理资金以及相关的技术，使得其难以达到环保要求，进而促使达不到要求的小规模养殖场退出了蛋鸡养殖行业，而大规模以及中规模养殖场有实力，能够达到环境保护以及环境治理的要求。此外，各地均划定了禁养区、限养区等，也助推了小规模养殖场（户）的退出。总的看，环保要求或环保监察促进了蛋鸡养殖场（户）的优胜劣汰，有效促进了蛋鸡养殖的规模化。

（三）技术集成应用助推蛋鸡养殖场升级改造

近些年，围绕我国蛋鸡产业链各环节急需解决的技术问题，研发了一系列的新技术、新工艺、新设备，比如蛋鸡精准饲养技术有效提升了饲料利用率以及转化率，立体高效养鸡环境调控技术攻克了全国不同气候区规模化养鸡温度调控技术难题，智能化管控技术提升了蛋鸡养殖效率，垂直传播疾病的净化技术和蛋鸡重要传染病防控技术保障提高了鸡群健康和生产性能等，新技术、新工艺、新设备已然成为蛋鸡养殖业增效的源泉。而在新技术、新工艺、新设备的集成应用中，大都是中大规模养殖场首先应用，尤其是应用到新建场，通过技术的集成应用与示范，也带动了其他养殖场的改造升级。总的看，技术集成与示范助推了养殖场的升级改造，有利于蛋鸡养殖的规模化。

三、 制约中国蛋鸡养殖规模化的难题

中国蛋鸡养殖规模化有多方面的助推，但也有难题需要继续化解，尤其突出的是蛋鸡养殖前期投资高、土地资源受制以及人才队伍不健全等，为了更好地应对这三个方面的难题，本部分将予以解析。

（一）蛋鸡养殖前期投资高

根据对蛋鸡大中规模养殖场的调研，蛋鸡养殖的设施设备的初始投资较高，主要体现在土地获取及整理、鸡舍及配套场房建设、蛋鸡养殖设备等方面，比如新建存栏 10 万只的蛋鸡养殖场，若采用层叠式笼养设备，则仅蛋鸡养殖设备初始投资就有可能超过 1 000 万元。而且由于蛋鸡养殖并非开始养殖就能产生盈利，养殖蛋鸡每天都要投入，直到蛋鸡开产才能回收投资。就以往对小规模养殖场的调研来看，其设施设备的初始投资相对较低，且若采用阶梯式笼养，则前提投资就相对更低，正是由于小规模前提投资低才造成我国"小规模、大群体"的规模化现状。总的看，不同规模前期投资的差异，促成了我国规模化缺乏动力，极大地制约了蛋鸡养殖规模化进程。

（二）蛋鸡养殖受限于土地资源因素

蛋鸡养殖需要建设鸡舍、引入机械设备，这就需要一定面积的土地作为载体，但随着我国城镇化进程的不断加速以及乡村土地资源的愈发紧缺，更为重要的是蛋鸡养殖会产生粪污、污水以及臭气等污染环境的废弃物，对周边环境会产生污染，为了不影响周边居民的生产生活，各级政府均严格控制用于蛋鸡养殖土地的审批。目前来看，能够符合法律法规以及各项规章制度的土地供给有限，在很大程度上限制了我国蛋鸡养殖的进一步发展，更不利于蛋鸡养殖规模的扩大。

（三）蛋鸡养殖人才队伍不健全

蛋鸡养殖的规模化以及现代化需要一支懂蛋鸡、爱产业的人才队伍，由于我国蛋鸡养殖规模化起步较晚，在人才队伍建设方面缺乏长效机制，目前规模化养殖场的经营人员大都是"摸着石头过河"，利用自身经验从事蛋鸡养殖。据已有的养殖场（户）实地调研来看，对于蛋鸡养殖技术的培训也缺乏有效的渠道或途径，蛋鸡规模养殖场大都是自我培训、自我提升，缺乏规范化，不利于蛋鸡养殖水平的提升。就技术人才的培养方面，与蛋鸡养殖相关的专业并不是热门专业，很少有年轻人愿意选择该类专业，加上该类专业的设置并不健全，难以为蛋鸡养殖行业培养高素质人才，这也在一定程度上制约了蛋鸡养殖规模化水平的提高。

四、 推进中国蛋鸡养殖规模化的对策建议

通过对中国蛋鸡养殖规模化问题的分析发现，从发展态势来看，我国

蛋鸡养殖"小规模、大群体"的规模化局势还未转变，且与国外先进国家相比仍存在明显差距，但以德青源公司为代表的国内大规模养殖企业的规模以及养殖水平已经达到国外先进水平。从发展动力来看，人们对高品质安全鸡蛋的需求、环保要求以及技术集成等将有力推动蛋鸡养殖规模化。从发展阻力来看，蛋鸡养殖规模化会受制于前期投资高、土地资源受限以及人才队伍不健全等难题。

为了进一步推进蛋鸡养殖的规模化进程，建议从以下三个方面发力。

第一，加强针对蛋鸡养殖规模化的政策支持。针对扩大养殖规模、应用先进设施设备的蛋鸡养殖企业，给予资金补贴；针对新建大规模养殖场以及大规模养殖场改扩建，给予土地方面的优惠政策；针对蛋鸡大中规模养殖场有效应对市场及生产风险，推行蛋鸡养殖保险以及鸡蛋价格保险等政策性保险。

第二，发挥大规模企业的示范引领作用。充分发挥蛋鸡养殖行业的大规模企业的作用，大规模养殖企业不仅要起到先进技术集成应用的作用，还要切实做到技术集成应用后的示范引领作用，从重应用到重示范转变；充分发挥大规模养殖企业的带动作用，推行"企业＋农户"的发展模式，既能够实现蛋鸡养殖规模化的提升，还能够带动农民增收。

第三，注重蛋鸡养殖技术的研发、集成应用与示范。蛋鸡养殖过程中仍然存在技术方面的难点或痛点，而且蛋鸡养殖也需要技术方面的提升，应该注重蛋鸡养殖技术的研发，科研项目管理部门可针对蛋鸡养殖设立更多的项目，在此基础上，利用新研发的技术进行集成应用与示范，同样也可设立有关技术集成应用与示范的项目，以促进项目承接单位的积极性。通过技术研发、集成应用与示范的全套推行，促进蛋鸡养殖规模化的提升。

第七章

蛋鸡规模养殖全要素生产率测度与分析

　　我国自 1985 年以来鸡蛋产量始终位居世界首位，经多年发展，我国蛋鸡养殖业已经基本完成了良种化、规模化、标准化、专业化和设施化，形成了较为完善的行业内分工体系。蛋鸡养殖业发展质量提升、发展效果显著，技术进步起到了至关重要的作用，尤其是遗传改良技术、营养与饲料技术、疫病防控技术、生产与环境控制技术等多类技术的进步，国家蛋鸡产业技术体系在推进蛋鸡养殖技术革新方面做出了积极贡献。在这个发展背景下，用什么指标测度蛋鸡养殖水平？蛋鸡养殖水平达到了什么程度？全要素生产率就是衡量蛋鸡养殖发展水平的重要指标，提高全要素生产率将是蛋鸡养殖业发展的最大潜力所在。鉴于此，本研究利用年鉴数据、采用 Malmquist 指数方法，对蛋鸡规模养殖全要素生产率进行测算，从而为蛋鸡养殖业发展水平提升以及提质增效的实现提供研究依据。

一、研究方法

　　本研究采用 Malmquist 指数测算蛋鸡规模养殖的全要素生产率。Malmquist 指数是以 DEA 方法为基础进行测算的，以 t 时期技术为参照，面向产出的 Malmquist 指数可表示为：

$$M_0^t(x_{t+1}, y_{t+1}, x_t, y_t) = d_0^t(x_{t+1}, y_{t+1}) / d_0^t(x_t, y_t)$$

$$(7-1)$$

　　类似地，以 $t+1$ 时期技术为参照，面向产出的 Malmquist 指数可以表示为：

$$M_0^{t+1}(x_{t+1}，y_{t+1}，x_t，y_t)=d_0^{t+1}(x_{t+1}，y_{t+1})/d_0^{t+1}(x_t，y_t)$$

$$(7-2)$$

式中，$(x_{t+1}，y_{t+1})$和$(x_t，y_t)$分别表示$t+1$时期、t时期的投入和产出向量；d_0^t和d_0^{t+1}分别表示以t时期技术和$t+1$时期技术为参照的距离函数。

为避免时期选择的随意性可能导致的差异，Malmquist 指数可定义为两个时期的几何平均值：

$$M_0(x_{t+1}，y_{t+1}，x_t，y_t)=\left[\frac{d_0^t(x_{t+1}，y_{t+1})}{d_0^t(x_t，y_t)}\times\frac{d_0^{t+1}(x_{t+1}，y_{t+1})}{d_0^{t+1}(x_t，y_t)}\right]^{1/2}$$

$$(7-3)$$

由于产业运营中普遍存在某种程度的技术无效，生产率的进步可能是技术效率变化与技术进步共同作用的结果，技术效率给定投入的情况下所获取最大产出的能力，是制度改革等引起效率提高的结果；技术进步是创新或引进新技术的结果，引起生产前沿面的上升。上式所表示的 Malmquist 指数具有良好的性质，它可以分解为不变规模报酬假定下技术效率变化指数（TE）和技术进步指数（TP），其分解过程如下：

$$M_0(x_{t+1}，y_{t+1}，x_t，y_t)=\frac{d_0^{t+1}(x_{t+1}，y_{t+1})}{d_0^t(x_t，y_t)}\times$$

$$(7-4)$$

$$\left[\frac{d_0^t(x_{t+1}，y_{t+1})}{d_0^{t+1}(x_{t+1}，y_{t+1})}\times\frac{d_0^t(x_t，y_t)}{d_0^{t+1}(x_t，y_t)}\right]^{1/2}=TE\times TP$$

以上生产率分解是基于规模效益不变的前提下进行的，为揭示规模效益变化的影响，可将技术效率进一步分解为纯技术效率变化部分（PTE）和规模效率变化部分（SE），Malmquist 指数可进一步表达为：

$$M_0(x_{t+1}，y_{t+1}，x_t，y_t)=PTE\times SE\times TP$$

二、 数据来源及指标说明

（一）数据来源

本研究所用数据来自国家发展和改革委员会价格司编写且由中国统

计出版社出版的 2005—2019 年《全国农产品成本收益资料汇编》。通过该数据来源，获得 2004—2018 年全国不同规模[①]蛋鸡养殖投入产出数据。需要说明的是，根据历年《中国畜牧兽医年鉴》中对蛋鸡养殖不同规模的存栏的统计情况，万只以下中小规模蛋鸡养殖场场的年存栏量占全国蛋鸡总存栏量的比重大幅下降，但仍然是蛋鸡养殖的主要规模类型。相对应的，《全国农产品成本收益资料汇编》中对蛋鸡养殖规模分类涉及了万只规模以下以及以上，能够有效满足本项测定对数据的基本要求。

（二）指标说明

本研究选取了鸡蛋产量作为蛋鸡养殖的产出指标，全要素生产率测算的投入指标包括雏鸡投入、饲料投入、劳动力投入、医疗防疫投入以及其他投入（含固定资产折旧、动力投入、设备维修投入等）。从表 7 - 1 可以看出，2004—2018 年规模养殖场鸡蛋产量达到了 17.01 千克/只。从不同规模蛋鸡养殖场的鸡蛋产量来看，小规模养殖场的鸡蛋产量最小。

表 7 - 1　2004—2018 年规模养殖场蛋鸡养殖投入指标

指标名称	规模类型	均值	最大值	最小值	标准差
鸡蛋产量 （千克/只）	规模养殖场	17.01	17.74	15.82	0.61
	小规模养殖场	16.97	17.64	15.42	0.61
	中规模养殖场	16.99	18.06	15.61	0.78
	大规模养殖场	17.07	17.72	16.10	0.50
雏鸡投入 （元/只）	规模养殖场	23.83	29.71	15.86	5.30
	小规模养殖场	22.57	28.58	15.04	4.94
	中规模养殖场	24.34	30.22	15.84	5.62
	大规模养殖场	24.60	30.34	16.18	5.37

① 《全国农产品成本收益资料汇编》对蛋鸡规模养殖的分类标准为（Q 是养殖场蛋鸡存栏量）：小规模（300 只＜Q≤1 000 只），中规模（1 000 只＜Q≤10 000 只），大规模（Q＞10 000 只）。

（续）

指标名称	规模类型	均值	最大值	最小值	标准差
饲料投入 （千克/只）	规模养殖场	40.27	41.44	38.64	0.95
	小规模养殖场	41.25	42.07	39.60	0.79
	中规模养殖场	39.91	41.85	37.24	1.63
	大规模养殖场	39.66	40.86	38.31	0.89
劳动力投入 （工作日/只）	规模养殖场	0.17	0.21	0.15	0.02
	小规模养殖场	0.23	0.29	0.21	0.02
	中规模养殖场	0.16	0.20	0.13	0.02
	大规模养殖场	0.13	0.16	0.09	0.02
医疗防疫投入 （元/只）	规模养殖场	1.25	1.54	0.93	0.20
	小规模养殖场	0.89	1.07	0.72	0.09
	中规模养殖场	1.34	1.61	0.84	0.24
	大规模养殖场	1.52	2.10	0.88	0.35
其他投入 （元/只）	规模养殖场	3.82	4.65	3.12	0.49
	小规模养殖场	2.15	2.44	1.88	0.15
	中规模养殖场	3.46	4.44	2.71	0.52
	大规模养殖场	5.85	7.59	4.51	0.90

三、　结果分析

本研究利用 DEAP 2.1 软件对不同规模蛋鸡养殖全要素生产率进行了测算，从表 7-2 可以看出，蛋鸡规模养殖纯技术效率与规模效率年度间的变化指数均为 1，说明我国蛋鸡养殖的技术水平以及规模化水平相对平稳，这也验证了我国蛋鸡养殖业处于平稳发展期。由于蛋鸡规模养殖纯技术效率变化指数以及规模效率变化指数均为 1，这也导致了技术进步指数以及全要素生产率指数一致。从不同年度来看，自 2004 年以来，我国规模养殖场的技术进步指数有 8 年超过了 1，尤其是 2014 年以来，我国规模养殖的技术一直处于进步阶段，说明我国蛋鸡产业在"十三五"期间技术进步明显，这其中就有国家蛋鸡产业技术体系的积极贡献。虽然其他年份的技术进步指数以及全要素生产率低于 1，但从总体变动趋势来看，仍然呈现平均提升的态势，结合近些年蛋鸡产业发展趋势以及技术改进趋势来看，我国蛋鸡规模养殖全要素生产率仍有提升潜力。

表 7-2　2004—2018 年蛋鸡规模养殖全要素生产率增长统计表

年份	*TP* 技术进步指数	*PTE* 纯技术效率变化	*SE* 规模效率变化	*M* 全要素生产率
2004—2005	0.994	1	1	0.994
2005—2006	1.083	1	1	1.083
2006—2007	0.959	1	1	0.959
2007—2008	0.981	1	1	0.981
2008—2009	0.999	1	1	0.999
2009—2010	1.008	1	1	1.008
2010—2011	0.980	1	1	0.980
2011—2012	1.002	1	1	1.002
2012—2013	1.019	1	1	1.019
2013—2014	0.987	1	1	0.987
2014—2015	1.031	1	1	1.031
2015—2016	1.007	1	1	1.007
2016—2017	1.022	1	1	1.022
2017—2018	1.021	1	1	1.021

与规模养殖场全要素生产率的数值结构一致，纯技术效率和规模效率变化指数均为 1，且技术进步指数和全要素生产率指数一致，鉴于此，对于不同规模养殖场的分析就聚焦于全要素生产率指数。

从图 7-1 中可以看出，不同规模蛋鸡养殖场的全要素生产率均围绕 1 平稳波动，其中，小规模养殖场蛋鸡养殖全要素生产率（技术进步指数）有 8 个时期超过了 1、中规模养殖场蛋鸡养殖全要素生产率（技术进步指数）有 5 个时期超过了 1、大规模养殖场蛋鸡养殖全要素生产率（技术进步指数）有 8 个时期超过了 1，对比来看，大规模和小规模养殖场要比中规模养殖场明显。

从不同规模平均值对比来看，小规模、中规模、大规模蛋鸡养殖场的全要素生产率分别达到了 1.015、1.000、1.006，不同规模均至少达到了

1，说明不同规模的蛋鸡养殖场技术水平、养殖水平均达到了较高水平。小规模的要比其他两种规模的数值大，这与小规模养殖场规模小、投资少，使得其在技术变革方面更为容易、效果更为明显。

从不同规模的变动趋势来看，小规模蛋鸡养殖场的变动幅度较大，这也说明小规模的不稳定性。中规模蛋鸡养殖场的全要素生产率要低于小规模以及大规模，说明中规模养殖场由于抵抗风险能力相对较差，在设备更新、技术改良等方面存在短板。大规模养殖场蛋鸡养殖全要素生产率在前期要低于其他两种规模，但目前后来居上，说明随着时间的推进，大规模养殖场发挥了其投资能力、发展能力等，有效地实现了蛋鸡养殖技术水平的改善。

总的来看，我国蛋鸡养殖全要素生产率在不同规模间存在差异，应该提倡规模养殖，尤其是万只以上规模蛋鸡的养殖。

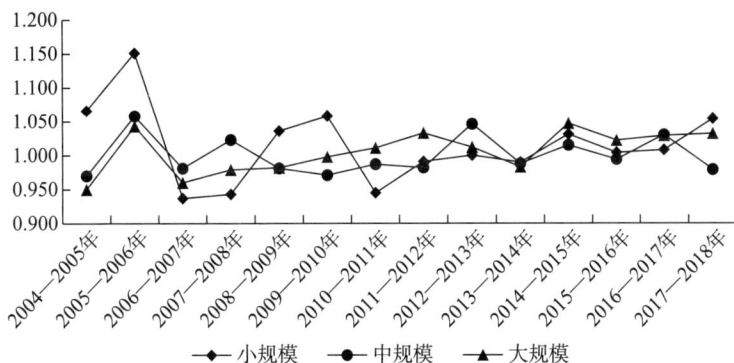

图 7-1　2004—2018 年不同规模养殖场蛋鸡养殖全要素生产率变动趋势

四、 结论与建议

通过对蛋鸡规模养殖全要素生产率的测算与分析，得到以下结论：我国蛋鸡规模养殖全要素生产利率值较高，表明技术进步明显，但仍有提升潜力可挖掘。不同规模蛋鸡养殖全要素生产率变动趋势平稳、保持了高水平，小规模养殖场由于底子薄、灵活性强，在技术水平提升方面具有优势。而中规模由于设备更新以及技术改良方面的能力差，使得其全要素生产率指数较低。大规模养殖场由于前期技术、设备先进以及技术、设备投资能力强，使得其全要素生产率指数较高。

　　基于以上研究结论，就如何进一步提升我国蛋鸡规模养殖的全要素生产率提出以下对策建议：实施对规模养殖场的分级生产经营指导，对大型养殖场应着重进行养殖技术研发方面的指导并提供必要的支持；对中规模养殖场应着重指导其实现技术、设备的更新换代以及养殖规模增加，可以采取"以奖代补"的方式，并提高"以奖代补"的支持水平，引导养殖场提升养殖技术水平，实现蛋鸡养殖的规模化、标准化；对小规模养殖场应设置养殖的规模、技术门槛以及实施规模化提升的优惠政策，引导其提升养殖规模以及养殖水平。

第八章

基于规模与区域差异的蛋鸡养殖
机械化对劳动力替代关系 *

机械化是现代畜牧业发展的重要物质基础和必备条件，2020 年 2 月，农业农村部发布《关于加快畜牧业机械化发展的意见》，明确提出"生猪、蛋鸡、肉鸡规模化养殖机械化率达到 70％以上"。近年来，国内畜牧业机械化水平不断提高，2018 年，畜牧机械拥有量 780.95 万台（套），同比增长 2.29％（姚春生等，2019），畜牧业发展呈现规模化、标准化、机械化协调并进，由传统畜牧业向现代畜牧业转型升级进程不断加快的新格局（刘刚等，2018；李保明，2020），特别是对于规模化程度较高、发展较快且对养殖机械依赖性较强的蛋鸡产业来说，机械化养殖对于缓解非农就业及劳动力成本上升带来的成本压力，保证鸡蛋市场有效供给有重要作用（刘刚等，2018）。但我国蛋鸡养殖机械化水平与发达国家相比还存在差距，突出表现为机械化装备科技创新能力有待提高、部分养殖机械的有效供给不足。

长期以来，国内蛋鸡养殖以散户为主（Wu Yuhuan et al.，2019），但由于人口红利的逐渐消失及非农就业迅速发展、环保规制及禁养限养区域的划定，产业发展逐步进入到劳动力成本快速上升、生产更加依赖于非劳动力生产要素的阶段（周荣柱，2017）。根据诱致性技术变迁理论（速水佑次郎等，2000；郑旭媛，2015），要素相对价格变动影响和诱导农户使

＊ 发表于《农业工程学报》2020 年第 23 期。

用稀缺资源的技术选择，在劳动力成本不断攀升的情况下，蛋鸡养殖劳动力价格与机械成本的相对变化决定了蛋鸡养殖机械化对劳动力的替代和机械化发展水平（吴丽丽等，2016）。因此，研究蛋鸡养殖机械化与劳动力的替代关系可以揭示要素禀赋变迁过程中产业发展规律，为优化蛋鸡养殖要素结构，提高要素配置效率及成本效率提供理论支持和实证依据。

机械化对劳动力的替代是农业经济学研究的热点问题，在现代农业发展过程中，机械化（资金）对劳动力的替代不仅是劳动力价格上涨的反应，更是推动农业生产效率提升及技术进步的动力（付强等，2012；罗锡文等，2016）。随着劳动力成本的快速上升，农业生产要素投入呈现出明显的节约劳动倾向和"资本深化"（Jetté-Nantel et al.，2000；胡雯，2017；王达庆等，2018；吴方卫等，2018；刘欣月等，2019；侯明利，2020），诱致性"资本替代劳动"成为农业生产要素替代的趋势，只有实现"资本替代劳动"的要素结构转换，才能达到农业生产效率最优（刘岳平等，2016；黄玛兰等，2018）。机械化对劳动力的替代可以促进农户扩大生产规模（尹朝静等，2014；王鸥等，2016），有利于提升农业专业化服务水平，优化乡村产业结构，促进农业经济增长（陈晓玲等，2013；潘彪等，2018）。但由于生产条件差异，机械化对劳动力的替代弹性存在区域差异，地区间由于资源禀赋差异形成不同的要素投入组合，机械化对劳动力的替代弹性也因此不同（乔颖丽等，2012；罗利平，2015）；不同规模蛋鸡养殖在资金投入、专业化水平以及生产技术方面的差异决定了机械化对劳动力替代的差异，由此形成替代弹性的规模差异。

目前畜牧业机械化对劳动力的替代关系研究结果较为丰富，不仅包括畜牧业整体要素替代，还包括各产业，如生猪（乔颖丽等，2012；罗利平，2015）、蛋鸡（宿桂红等，2015；薛凤蕊等，2015；朱宁等，2015；张云凯等，2018）等产业的要素替代。众多研究表明（王晓兵等，2016；郑旭媛等，2017），畜牧产业机械化养殖趋势明显，在劳动力价格不断上升的背景下，机械化是推动蛋鸡产业整体朝着"劳动节约型"发展、推动产业转型升级的必经之路。机械化在一定程度上使劳动力成本上升带来的成本压力有所缓解，同时，机械化养殖有利于实现规模经济，提高蛋鸡养殖收益，提升蛋鸡养殖效率。

目前，对于蛋鸡机械化养殖的研究已初步形成体系，但还存在以下不足：①对机械与劳动力之间替代关系的定量研究不足，研究主要关注机械化养殖对生产效率提高的作用；②对机械与劳动力之间替代关系的差异性研究不够深入。不同规模及不同区域蛋鸡养殖由于地理、社会、市场等方面的差异，其机械化对劳动力的替代往往具有差异性，而现有针对产业整体的机械化对劳动力替代的研究对政策制定的指导性不足。本研究基于以往考虑畜牧业整体机械化对劳动力替代关系的探讨，利用小、中、大3种蛋鸡养殖规模机械化与劳动力投入的面板数据与超越对数生产函数模型，基于规模与区域差异分析蛋鸡养殖机械化与劳动力之间的替代关系，以期为蛋鸡产业可持续发展及政策制定提供实证依据。

一、　模型设定与数据处理

（一）模型设定

要素替代弹性的估计依赖于生产函数设定，CES（Constant Elasticity of Substitution）生产函数及超越对数生产函数是分析要素替代弹性最常用的2种函数，前者假设要素替代弹性不变，后者的假设前提为任意2种生产要素的替代弹性是不同的，对于多要素替代弹性分析有重要作用。本研究利用超越对数生产函数对国内蛋鸡养殖机械化与劳动力替代关系及区域差异进行分析。假设生产过程中有n种生产要素，超越对数生产函数的基本形式为：

$$\ln y = \ln \alpha_0 + \sum_{i=1}^{n} \alpha_i \ln x_i +$$

$$\frac{1}{2} \sum_{i=1}^{n} \sum_{j=1}^{n} \beta_{ij} \ln x_i \ln x_j \quad (i,\ j = 1,\ \cdots,\ n) \tag{8-1}$$

式中，y为在既定的生产技术水平下，生产要素组合（x_1，x_2，$\cdots$，x_n）达到的最大产量，x_i、x_j为要素i、要素j的投入量。

根据Hicks在其著作《工资理论》中要素直接替代弹性的定义，给定产出及技术水平不变的条件下，要素替代弹性指的是2种生产要素边际技术替代率导致的要素比率的相对变化（Hicks et al.，1932），即：

$$\sigma_{ij} = -\frac{\mathrm{dln}\ (x_j/x_i)}{\mathrm{dln}\ (f_j/f_i)} = \frac{\mathrm{dln}\ (x_j/x_i)}{\mathrm{dln}\ (f_i/f_j)} = \sigma_{ji} \qquad (8-2)$$

式中，σ_{ij} 表示要素 i 对要素 j 的替代弹性；σ_{ji} 表示要素 j 对要素 i 的替代弹性；f_i、f_j 表示生产要素 x_i、x_j 的边际技术替代率，$f_i/f_j = \partial y/\partial x_i \cdot (\partial y/\partial x_j)^{-1} = MP_i/MP_j$；d 表示对函数求微分。在多要素情况下，$\sigma_{ij} > 0$ 时，要素之间为替代关系；$\sigma_{ij} < 0$ 时，要素之间为互补关系。

针对蛋鸡养殖实际情况，本研究所用具体模型如下：

$$\ln Y_{it} = \beta_0 + \beta_M \ln Machine_{it} + \beta_L \ln Labor_{it} +$$

$$\beta_E Else + \frac{1}{2}\beta_{MM} (\ln Machine_{it})^2 +$$

$$\frac{1}{2}\beta_{LL} (\ln Labor_{it})^2 + \frac{1}{2}\beta_{EE} (\ln Else_{it})^2 + \qquad (8-3)$$

$$\beta_{ML} (\ln Machine_{it})\ (\ln Labor_{it}) +$$

$$\beta_{ME} (\ln Machine_{it})\ (\ln Else_{it}) +$$

$$\beta_{LE} (\ln Labor_{it})\ (\ln Else_{it}) + \varepsilon$$

式中，Y_{it} 表示 i 地区 t 年的鸡蛋产出，千克/百只；$Machine_{it}$ 表示 i 地区 t 年的每百只蛋鸡养殖的机械化投入，元/百只；$Labor_{it}$ 表示 i 地区 t 年的每百只蛋鸡养殖的劳动力投入，日/百只，需要指出的是，这里的劳动力投入指的是劳动力数量，而非劳动力成本，原因在于生产函数的本质就是投入量与产出量之间的关系，或者说是要素配置与产出之间的比例问题；$Else_{it}$ 表示 i 地区 t 年的每百只蛋鸡除机械化投入、劳动力成本（劳动力成本＝家庭用工天数×劳动日工价＋雇工天数×雇工工价）二者之外的其他成本投入，元/百只；β_{MM}、β_{LL}、β_{EE}、β_{ML}、β_{ME}、β_{LE} 为待估参数。其中，机械化投入以每百只蛋鸡机械化投入价值表示，主要包括固定资产折旧、修理维护费、燃料动力费；劳动力投入以每百只蛋鸡用工数量表示，包括家庭用工和雇工；其他成本投入表示为除机械化投入与劳动力投入外的其他投入。

由此，蛋鸡养殖机械化对劳动力的替代弹性可以表示为：

$$\sigma_{ML} = \mathrm{d}\ (Machine/Labor)\ /\ (Machine/Labor)\ \cdot$$
$$[\mathrm{d}\ (MP_L/MP_M)\ /\ (MP_L/MP_M)]^{-1} \qquad (8-4)$$

式中，σ_{ML} 表示蛋鸡养殖机械化对劳动力的替代弹性；MP_M 表示机械化投入的边际产出，即增加一个单位的机械化投入所带来的鸡蛋总产量的增加量；MP_L 表示劳动力投入的边际产出，即增加一个单位的劳动力投入所带来的鸡蛋总产量的增加量。

根据郝枫对超越对数函数要素替代弹性的研究（郝枫，2015），要素直接替代弹性（Direct Elasticity of Substitution）计算方法为：

$$\sigma_{ML} = \left[1 + \left(2\beta_{ML} - \frac{\eta_L}{\eta_M}\beta_{MM} - \frac{\eta_M}{\eta_L}\beta_{LL} \right)(\eta_M + \eta_L)^{-1} \right]^{-1} \quad (8-5)$$

式中，η_M、η_L 分别为机械化和劳动力的产出弹性：

$$\begin{aligned}
\eta_M &= \frac{\partial \ln Y_{it}}{\partial \ln Machine_{it}} \\
&= \beta_M + \beta_{MM}\ln Machine_{it} + \\
&\quad \beta_{ML}\ln Labor_{it} + \beta_{ME}\ln Else_{it}
\end{aligned} \quad (8-6)$$

$$\begin{aligned}
\eta_L &= \frac{\partial \ln Y_{it}}{\partial \ln Labor_{it}} \\
&= \beta_L + \beta_{LL}\ln Labor_{it} + \\
&\quad \beta_{ML}\ln Machine_{it} + \beta_{LE}\ln Else_{it}
\end{aligned} \quad (8-7)$$

（二）数据处理

本研究所用数据来源于《全国农产品成本收益资料汇编》（2005—2019）（统计数据截止到上一年度末），并根据饲养业品种规模分类标准将蛋鸡养殖划分为小规模（300 只＜蛋鸡存栏量≤1 000 只）、中规模（1 000 只＜蛋鸡存栏量≤10 000 只）和大规模（蛋鸡存栏量＞10 000 只），考虑数据可得性，小规模蛋鸡养殖选取山西、辽宁、吉林、黑龙江、山东、河南、陕西7个省份2004—2018 年共 105 个样本；中规模养殖选取北京、天津、河北、山西、内蒙古、辽宁、吉林、黑龙江、江苏、浙江、安徽、山东、河南、湖北、重庆、四川、云南、陕西、甘肃、宁夏、新疆21 个省份 2004—2018 年共 315 个样本；大规模蛋鸡养殖选取北京、天津、山西、辽宁、吉林、黑龙江、江苏、安徽、福建、山东、河南、湖北、广东、海南、重庆、四川、云南、甘肃、新疆 19 省份 2004—2018 年共 285 个样本。《全国农产品收益资料汇编》中对小规模养殖的调研省份较少，所选的 7 个省份覆盖了东部、中部、西部、东北部地区，具有代表性。

不同规模蛋鸡养殖在鸡蛋产量、机械化投入、劳动力投入等方面均存在差异：①小规模的机械化投入最少（124.19 元/百只）、劳动力投入最多（23.26 日/百只），每百只鸡蛋产量（1 699.58 千克/百只）略大于中规模，符合小农户精细化生产的特点；②中规模相较于小规模来说，机械化投入较大（181.73 元/百只）、劳动力投入较小（16.11 日/百只），每百只的鸡蛋产量最低（1 698.70 千克/百只），由此可见，相对于小规模、大规模蛋鸡养殖来说，中规模对于生产要素的利用程度以及要素间的融合与替代还存在差距；③大规模的机械化投入最大（293.14 元/百只）、劳动力投入最少（12.71 日/百只），说明其机械化水平更高，每百只鸡蛋产量最大（1 700 千克/百只），这是由于大规模蛋鸡养殖形成了规模经济，且由于其先进生产技术，在产蛋率、疾病防控、死淘率等方面均存在相对优势（表8-1）。

表 8-1 2004—2018 年不同蛋鸡养殖规模投入产出统计

规模	产量及投入	平均值	标准差	最小值	最大值	样本数
小规模	产量（千克/百只）	1 699.58	116.84	1 327.00	1 887.25	105
	机械化投入（元/百只）	124.19	28.24	71.74	233.96	105
	劳动力投入（日/百只）	23.26	6.07	13.60	40.62	105
	其他成本投入（元/百只）	11 258.26	2 374.21	6 950.34	15 254.56	105
中规模	产量（千克/百只）	1 698.70	146.55	1 068.00	1 996.92	315
	机械化投入（元/百只）	181.73	75.87	14.12	457.23	315
	劳动力投入（日/百只）	16.11	6.16	3.30	49.52	315
	其他成本投入（元/百只）	11 845.66	2 879.65	5 675.25	18 000.65	315
大规模	产量（千克/百只）	1 700.00	181.76	849.77	2 053	285
	机械化投入（元/百只）	293.14	243.46	10.65	2 219	285
	劳动力投入（日/百只）	12.71	5.80	2.02	37.11	285
	其他成本投入（元/百只）	12 137.99	2 633.70	5 721.54	16 893.74	285

由于自然环境及社会环境差异，不同区域的蛋鸡养殖模式、技术水平、生产效率等方面均存在差异，因此有必要从区域差异角度对蛋鸡养殖机械化对劳动力的替代弹性进行分析。2011 年 6 月 13 日，国家统计局将中国的经济区域划分为东部、中部、西部和东北 4 个地区（东部包括北

京、天津、河北、上海、江苏、浙江、福建、山东、广东和海南；中部包括山西、安徽、江西、河南、湖北和湖南；西部包括内蒙古、广西、重庆、四川、贵州、云南、西藏、陕西、甘肃、青海、宁夏和新疆；东北包括辽宁、吉林和黑龙江）。4个经济区域在蛋鸡养殖资源方面存在差异：①东部地区蛋鸡养殖面临用地约束趋紧问题，蛋鸡养殖朝着高密度的集约化发展，必然伴随机械化投入的增加，形成对劳动力的替代。②中部地区目前蛋鸡养殖面临的主要问题是环保规制日趋严格，尤以湖北、河南等省份较为突出。环保政策对蛋鸡养殖的影响主要体现在设备的升级改造，鸡蛋质量标准的提升、鸡舍改造、粪污处理设备购置等因素造成养殖户资金投入的增加。目前蛋鸡养殖户为应对环保政策的投入约为1.8万元（武玉环，2020），环保政策所产生的费用增加对蛋鸡养殖规模影响较小。③西部地区得益于"一带一路"倡议和"东蛋西移"的行业大背景，蛋鸡养殖区域优势进一步凸显。④东北地区蛋鸡养殖具有资源禀赋优势，蛋鸡养殖用地约束较为宽松，尤其是辽宁省，2016年后辽宁省蛋鸡养殖资源禀赋系数已位居全国之首，但东北地区属于劳务输出地区，劳动力转移趋势明显，蛋鸡养殖面临劳动力供需趋紧局面。

从区域差异看：①东部地区蛋鸡养殖机械化、规模化发展水平较高，每百只的鸡蛋产量较大，劳动力投入较少，未来蛋鸡养殖仍具优势，其发展重点在于实现规模化、集约化、机械化的统一；②与东部地区相比，中、西部地区规模化发展水平相对滞后，但机械化投入与劳动力投入相对较多，未来蛋鸡养殖规模化、机械化水平将进一步扩展；③东北地区小规模养殖的每百只鸡蛋产量（1 776.14千克/百只）及机械化具备优势，未来蛋鸡养殖的发展趋势在于小规模养殖户间的合作（表8-2）。

表8-2　不同区域蛋鸡养殖投入产出统计

规模	区域	产量（千克/百只）	机械化投入（元/百只）	劳动力投入（日/百只）	其他成本投入（元/百只）	样本数
小规模	东部	1 625.35	118.14	19.55	11 088.07	15
	中部	1 697.68	129.78	23.49	11 786.54	30
	西部	1 547.90	136.20	27.83	10 293.80	15
	东北	1 776.14	118.47	22.82	11 284.30	45

（续）

规模	区域	产量 （千克/百只）	机械化投入 （元/百只）	劳动力投入 （日/百只）	其他成本投入 （元/百只）	样本数
中规模	东部	1 746.78	166.44	14.69	12 086.89	90
	中部	1 672.52	166.94	15.79	11 625.58	60
	西部	1 643.59	216.70	15.88	11 901.55	120
	东北	1 784.41	138.78	19.97	11 507.58	45
大规模	东部	1 668.18	334.31	15.97	12 480.84	105
	中部	1 732.08	169.67	16.25	11 805.47	60
	西部	1 656.66	196.18	13.27	12 029.91	75
	东北	1 803.72	113.23	19.51	11 694.85	45

注：表中数据为平均值。

二、 结果与分析

（一）蛋鸡养殖机械化与劳动力投入及结构变化

2004—2018 年，小、中、大 3 种规模蛋鸡养殖劳动投入指数整体呈现下降趋势，机械化投入指数总体呈现上升指数（表 8 - 3）。

表 8 - 3 2004—2018 年不同规模蛋鸡养殖机械化和劳动力投入指数

年份	机械化投入			劳动力投入		
	小规模	中规模	大规模	小规模	中规模	大规模
2004	100.00	100.00	100.00	100.00	100.00	100.00
2005	97.40	106.59	89.86	89.63	105.68	104.01
2006	90.22	98.50	92.57	83.71	100.52	92.32
2007	96.75	98.93	96.02	89.29	92.60	98.66
2008	105.01	99.34	102.86	81.98	90.15	102.54
2009	123.14	117.73	118.54	78.68	84.78	98.93
2010	91.90	112.68	118.39	79.36	83.32	90.39
2011	106.46	122.17	123.81	77.05	78.31	84.91

（续）

年份	机械化投入			劳动力投入		
	小规模	中规模	大规模	小规模	中规模	大规模
2012	106.29	126.96	123.90	72.15	78.52	82.38
2013	105.14	120.28	123.54	69.91	74.66	79.51
2014	104.52	115.99	130.35	70.21	74.92	76.97
2015	106.33	120.85	133.50	69.74	72.68	71.96
2016	108.65	126.95	142.21	70.55	70.90	70.85
2017	106.93	126.47	169.03	71.44	70.18	67.16
2018	108.87	145.27	163.41	72.56	68.51	62.75

其中，小规模蛋鸡养殖的机械化投入指数增加了 8.87%，劳动力投入指数下降了 27.44%；中规模蛋鸡养殖的机械化投入指数增加了 45.27%，劳动力投入指数下降了 31.49%；大规模蛋鸡养殖的机械化投入指数增加了 63.41%，劳动力投入指数下降了 37.25%；机械化投入指数变动及劳动力投入指数变动与蛋鸡养殖规模呈现正相关关系。

（二）超越对数生产函数模型估计结果

将 2004—2018 年小、中、大 3 种规模蛋鸡养殖省级面板数据代入式（8-2）进行估计，结果如表 8-4 所示。根据表 8-4 可知，3 个模型的可决系数（回归平方和在总变差中所占的比重，度量模型拟合优度的指标）分别为 0.65、0.74 和 0.44，F 值检验均为 0，解释变量与被解释变量存在显著关系，小规模蛋鸡养殖的机械化、劳动力和其他成本投入的系数分别为 -3.32、1.62 和 1.35，机械化投入及劳动力投入对鸡蛋产出均有显著影响；中规模蛋鸡养殖机械化、劳动力和其他成本投入的系数分别为 0.63、1.84 和 3.63，且均对鸡蛋产出均有显著影响；大规模蛋鸡养殖机械、劳动力、其他成本投入的系数分别为 -0.01、1.31 和 1.71，且劳动力对鸡蛋产出有显著影响。

表 8-4　超越对数生产函数模型估计结果

变量	小规模		中规模		大规模	
	系数	标准误差	系数	标准误差	系数	标准误差
机械化投入（取对数） ln（Machine）	−3.32***	0.59	0.63***	0.14	−0.01	0.43
劳动力投入（取对数） ln（Labor）	1.62**	0.81	1.84***	0.17	1.31***	0.45
其他成本投入（取对数） ln（Else）	1.35	1.19	3.63***	0.38	1.71	1.72
机械化投入（取对数）的平方 ln（Machine）×ln（Machine）	0.24***	0.06	−0.02***	0.01	−0.03***	0.01
劳动力投入（取对数）的平方 ln（Labor）×ln（Labor）	−0.01	0.06	−0.02***	0.01	0.01	0.02
其他成本投入（取对数）的平方 ln（Else）×ln（Else）	−0.08	0.06	−0.15***	0.02	−0.08	0.09
机械化投入（取对数）× 劳动力投入（取对数） ln（Machine）×ln（Labor）	−0.09	0.08	−0.04***	0.01	−0.05**	0.03
机械化投入（取对数）× 其他成本投入（取对数） ln（Machine）×ln（Else）	0.14***	0.05	−0.03*	0.02	0.04	0.05
劳动力投入（取对数）× 其他成本投入（取对数） ln（Labor）×ln（Else）	−0.12*	0.07	−0.16***	0.02	−0.11*	0.05
常数项（Constant term）	6.01	6.03	−14.58***	1.92	−3.08	8.10
可决系数	0.65		0.74		0.44	

注：***、**、*分别表示在 1%、5%、10%的置信度水平上显著。

1. 机械化对劳动力替代弹性的年际变化

表 8-4 反映了 3 种规模蛋鸡养殖机械化对劳动力替代弹性的年际变化：蛋鸡养殖机械化与劳动力呈现明显的替代关系，根本原因在于劳动力价格上涨与雇工难度的增加。具体说来：①根据《全国农产品统计资料汇编》，全国蛋鸡养殖平均劳动日工价由 13.17 元/日上涨至 84.89 元/日，

上涨约 5.5 倍,劳动力价格的上涨直接推动国内蛋鸡养殖的机械化进程;②城镇化与非农就业的快速发展导致农业劳动力流失,蛋鸡养殖雇工难度逐年增大,机械化养殖可减弱劳动力短缺对规模化蛋鸡养殖的影响。

2004—2018 年,小规模蛋鸡机械化对劳动力的替代弹性平均值由 0.28 上升至 1.38,但年际波动较大。原因在于劳动力价格上涨使得传统小规模蛋鸡养殖由人工养殖向机械化、半机械化养殖转变,且小规模蛋鸡养殖多以家庭养殖为主,雇工情况较少,因此小规模蛋鸡养殖逐步实现了机械化对劳动力的替代。

2004—2018 年,中规模蛋鸡养殖机械化对劳动力替代弹性由 0.18 上升至 0.44,上涨幅度相对小规模蛋鸡养殖来说较小,年际波动也较小,主要原因在于中规模蛋鸡养殖存在一定的规模效应,其在养殖规模、生产设备投入及市场销售等方面已形成相对稳定的模式,机械化对劳动力的替代更多的是随着技术进步与养殖规模变化。

2004—2018 年,大规模蛋鸡养殖机械化对劳动力的替代弹性由 0.29 上升至 0.31,年际变化小,具体原因如下:①大规模蛋鸡养殖一般采用半机械化或机械化,且已经形成相对固定的生产模式,因此,机械化对劳动力的替代弹性年际变化较小;②相对于小规模和中规模蛋鸡养殖来说,大规模蛋鸡养殖的劳动力投入更多体现在质量方面,即劳动力的可替代性较弱,因此,大规模蛋鸡养殖机械化对劳动力的替代弹性变化幅度较小。

2. 机械化对劳动力替代弹性的规模差异

从整体来看,小规模养殖机械化对劳动力的替代弹性最大,为 0.99,其机械化养殖仍存在拓展空间;中规模机械化对劳动力的替代弹性最小,为 0.30;大规模机械化对劳动力的替代弹性均值为 0.34(表 8 - 5)。

表 8 - 5　2004—2018 年不同规模蛋鸡养殖机械化对劳动力的替代弹性

规模	指标	2004 年	2006 年	2008 年	2010 年	2012 年	2014 年	2016 年	2018 年	平均
小规模	最小值	−0.19	−0.37	−0.52	−0.21	0.04	0.01	−1.96	−2.03	−4.49
	最大值	1.30	0.89	0.42	12.42	2.41	2.21	4.55	8.67	14.67
	平均值	0.28	0.55	−0.01	1.99	0.79	0.70	0.95	1.38	0.99
	标准差	0.52	0.43	0.35	4.60	1.02	0.89	2.49	3.67	2.52

（续）

规模	指标	2004 年	2006 年	2008 年	2010 年	2012 年	2014 年	2016 年	2018 年	平均
中规模	最小值	−0.32	−0.39	−0.38	−0.67	−1.01	−5.26	−0.10	−0.10	−8.24
	最大值	0.94	0.92	0.84	0.96	1.24	5.41	4.30	1.09	5.41
	平均值	0.17	0.13	0.08	0.12	0.41	0.63	0.50	0.44	0.30
	标准差	0.42	0.38	0.29	0.38	0.68	1.83	0.99	0.47	0.92
大规模	最小值	−0.58	−0.26	−0.31	−4.09	−0.11	−0.39	−0.11	−0.18	−4.09
	最大值	1.55	0.61	0.91	14.10	1.75	1.65	1.36	0.65	14.10
	平均值	0.29	0.16	0.26	0.68	0.37	0.42	0.37	0.31	0.34
	标准差	0.45	0.29	0.31	3.41	0.42	0.40	0.32	0.27	1.05

从规模差异角度看，小规模蛋鸡养殖机械化对劳动力的替代弹性最大，原因在于国内小规模蛋鸡养殖多以家庭为基本单位，家庭经营的精细化生产方式促使家庭养殖农户追求生产要素的高效率使用。根据《中国畜牧业年鉴》（2008—2013）和《中国畜牧兽医年鉴》（2014—2018）统计数据，2007—2017 年，存栏量 500 只以下的蛋鸡养殖户占蛋鸡饲养规模场（户）总数的 96％以上，小规模养殖仍然是蛋鸡养殖的主体。小农经济是"贫穷而有效率"（西奥多·W. 舒尔茨，2006），传统农业增长受限的原因不在于农民的非理性决策，而在于传统生产要素的边际产出递减，而新的生产要素的出现可以促进农业产出及收益提高。近年来，劳动力价格不断上涨，作为"理性"的规模化蛋鸡养殖农户会使用相对廉价的机械实现对劳动力的替代，当农户使用机械替代劳动力的替代效应大于产出效应时，农户会维持或扩大养殖规模，促进生产要素的优化与合理配置，增加生产技术选择，提升蛋鸡养殖效率；当农户使用机械替代劳动力的替代效应小于产出效应时，农户会减小养殖规模或直接退出蛋鸡养殖行业。在劳动力价格不断上涨的背景下，小规模养殖机械化对劳动力的替代受到政策约束、资金限制、技术水平影响，机械化与劳动力之间存在非常强的替代性，未来小规模蛋鸡养殖的着眼点在于实现机械化养殖与规模化养殖的协调统一。

中规模蛋鸡养殖的要素替代弹性相对于小规模和大规模来说较小，说明中规模蛋鸡养殖机械化对于劳动力的替代程度较弱，主要原因在于农户养殖决策的主要目标在于家庭效用的满足。中规模蛋鸡养殖多以养殖专业户为主，其劳动力投入一般是非农就业与养殖劳动力的最佳配置状态，对于购置机械以替代劳动力的意愿较低，更倾向于维持现有劳动力投入。

大规模蛋鸡养殖的要素替代弹性略大于中规模，且年际变动较小，这是由于养殖规模越大的农户，越依赖于"机器养殖"的发展模式，其机械化水平较高，机械养殖已基本取代人工作业。机械化对劳动力替代弹性的提高，一方面是生产要素的合理配置，另一方面也是现代畜牧业的发展要求，从这个方面来看，1万只以上的养殖规模将成为蛋鸡养殖的主体规模。

3. 机械化对劳动力替代弹性的区域差异

各区域机械化对劳动力的替代弹性存在差异（表8-6），东部地区小规模蛋鸡养殖机械化与劳动力在2008年、2010年、2016年和2018年呈现互补关系（替代弹性小于0，下同），原因在于东部地区蛋鸡养殖规模扩展趋势明显，生产规模的扩大导致资金和劳动力投入同时增加；东部地区中规模、大规模蛋鸡养殖机械化与劳动力均呈现明显的替代关系。由此可见，东部地区作为蛋鸡养殖优势区域，规模化水平将进一步推进，机械化水平进一步提高。

中部地区及东北地区小、中规模蛋鸡养殖机械化与劳动力均呈现替代关系，在蛋鸡机械化养殖方面存在一定区域优势；2006年东北地区大规模蛋鸡养殖机械化与劳动力呈现互补关系，其余年份则均呈现替代关系。

西部地区小规模蛋鸡养殖的机械化与劳动力在2004年、2008年、2016年和2018年呈现互补关系，原因在于西部地区受蛋鸡养殖产业"南下西进"的影响，规模化蛋鸡养殖趋势明显，机械化与劳动力投入持续增加；中、大规模机械化与劳动力均呈现明显的替代关系，机械化养殖发展趋势明显。

综合来看，国内蛋鸡产业的机械化趋势明显，且呈现规模化与机械化协调发展的新局面，产业布局较为均衡，各养殖区域可在规模化发展的基础上进一步推动蛋鸡养殖机械化对劳动力的替代。

表 8-6　2004—2018 年不同区域蛋鸡养殖机械化对劳动力的替代弹性

规模	区域	2004 年	2006 年	2008 年	2010 年	2012 年	2014 年	2016 年	2018 年
小规模	东部	0.23	0.65	−0.52	−0.21	0.20	0.11	−0.53	−1.20
	中部	0.31	0.14	−0.03	6.39	1.15	0.93	2.20	1.92
	西部	−0.03	0.89	−0.33	0.22	0.52	0.61	−1.96	−2.03
	东北	0.37	0.67	0.27	0.39	0.84	0.76	1.57	3.01
中规模	东部	0.18	0.21	0.17	0.10	0.43	0.44	0.47	0.57
	中部	0.29	0.24	0.13	0.25	0.27	0.78	0.13	0.19
	西部	0.17	0.01	0.01	0.06	0.49	0.09	0.83	0.57
	东北	0.00	0.16	0.05	0.13	0.37	2.29	0.13	0.14
大规模	东部	0.43	0.28	0.39	0.19	0.33	0.41	0.55	0.35
	中部	0.29	0.04	0.36	0.26	0.34	0.47	0.29	0.40
	西部	0.27	0.27	0.11	1.92	0.31	0.39	0.27	0.25
	东北	0.02	−0.12	0.06	0.35	0.61	0.39	0.25	0.17

注：表中数据为平均值。

三、 结论与建议

本研究以不同规模蛋鸡养殖为研究对象，根据 2004—2018 年的省级面板数据，利用超越对数生产函数测算蛋鸡养殖机械化对劳动力的替代弹性，并在此基础上分析机械化对劳动力替代的规模和区域差异及形成原因，探讨蛋鸡产业发展方向。主要结论如下：一是国内蛋鸡养殖呈现机械化替代劳动力的发展趋势，且存在规模和区域差异。二是蛋鸡养殖机械化与劳动力的替代弹性存在规模差异：小、中、大 3 种规模养殖机械化对劳动力替代弹性平均值分别为 0.988 4、0.303 3、0.343 5，不同规模蛋鸡养殖机械化与劳动力替代弹性差异较大。三是蛋鸡养殖机械与劳动力的替代弹性存在区域差异：各区域的机械化对劳动力的替代弹性有所不同，蛋鸡产业布局较为稳定，蛋鸡产业区域布局要在现有基础上继续发挥东部地区蛋鸡养殖的区位优势，并推动产业"南下西进"，优化产业布局。

当前，蛋鸡产业规模化、机械化已成为主流趋势，实现养殖户与现代农业大市场的有机衔接的关键在于如何在规模化背景下实现机械化对劳动力的替代。结合研究结论，可得到以下政策启示：第一，鼓励养殖设备科技创新和专业化设备升级改造，推动机械化养殖对人工养殖的替代，进一步提升蛋鸡产业机械化水平。第二，着力推动中小规模机械化养殖，积极引导大规模养殖技术创新。解决中小规模养殖机械购置成本问题，鼓励有条件的区域实现养殖设备的共享共用，实现中小规模由人工养殖或半机械化养殖向机械化养殖的转变，针对大规模养殖要推动机械化养殖重点环节的社会化服务水平，提高蛋鸡养殖机械的利用效率。第三，因地制宜，强化政策聚焦。不断推进东部地区蛋鸡养殖规模化、机械化协调发展，充分发挥东部地区蛋鸡养殖主产区的区位优势，积极引导西部地区、东北地区中、小规模机械化养殖发展，并对其机械购置给予政府补贴。

第三篇 | DISANPIAN

鸡蛋价格波动分析

第九章

新冠肺炎疫情对鸡蛋市场价格的影响

　　畜禽产品是重要的"菜篮子"产品，其价格波动直接关系到畜禽产品市场的稳定性，这也使得畜禽产品价格一直是社会关注的热点之一（高群等，2015）。在外部事件影响下畜禽产品价格往往会出现大幅波动，尤其是非洲猪瘟疫情、禽流感疫情以及新冠肺炎疫情等重大疫情疾病的影响，畜禽产品价格频繁剧烈波动，不利于畜禽产业稳定发展，给养殖户和消费者都带来了较大冲击。突发事件由于其时间点及影响程度均具有随机性，给畜禽产品市场带来诸多不确定性，而这种不确定性会改变畜禽产品生产者和消费者的常规反应，引发市场失灵，不仅导致市场参与主体决策困难，而且为政府部门畜禽产品价格规律的把握和调控政策制定设置了难题（Chavas J. P. et al.，2004；石自忠等，2016；Assefa T. et al.，2017）。

　　新冠肺炎疫情这一重大突发公共卫生事件，对农业生产经营产生了多方位、多维度影响，其对畜禽产业的影响远大于种植业（程国强等，2020）。为防控新冠肺炎疫情，各地实施了封路、封城、封村、封小区、关闭市场等防控举措，导致仔畜雏禽及畜禽产品流通受阻、产销区供需脱节、市场交易中断，冲击了畜禽产品产销价格，给畜禽产品供应链各利益主体造成经济损失。

　　鸡蛋作为动物蛋白性价比最高的食品，是居民主要的动物蛋白来源之一。鸡蛋的有效供应与城乡居民生活息息相关，价格稳定直接关系到鸡蛋市场的良性运行。我国鸡蛋生产集中度较高，排名前五省份鸡蛋产量占全国鸡蛋产量的50%以上，鸡蛋跨地区流通特征明显。新冠肺炎疫情发生后，各地实施的疫情防控措施，导致鸡蛋流通受阻、供需失衡，给蛋鸡产业带来较大影响。准确评估重大突发疫情对鸡蛋价格的影响，把握疫情影响下鸡蛋价格波动规律，识别受疫情影响的重点地区，不仅有助于加深鸡蛋市场价格波动及传导规律的认识，而且有助于了解外部冲击事件对鸡蛋市场价格波动的影响，为畜禽产品市场政策制定提供理论支撑和政策参考。为此，基于外部冲击的视角，以鸡蛋为例，分析新冠肺炎疫情对鸡蛋市场价格的影响机理，并通过实证分析方法定量考察其对不同地区鸡蛋市场价格及市场风险的影响。

一、 文献综述

畜禽产品价格波动的成因来自内部传导机制和外部冲击机制两个方面（吕杰等，2007；徐雪高，2008）。从内部传导机制来看，依据供求均衡理论，在其他因素不变条件下，商品的价值由供求关系决定，通过商品的均衡价格来衡量，供给和需求的变化导致商品价格围绕其均衡价格波动。影响供给因素包括生产要素价格、生产者行为及预期，影响需求因素则包括替代品价格、城乡居民收入和人口数量等，任何影响供给和需求的因素均会引起畜禽产品价格波动（Ben-Kaabia et al.，2007；李秉龙等，2007；程泽宇等，2012；Y. Melba et al.，2016；Mawejje J.，2016；刘清泉，2012）；从外部冲击机制来看，外生性因素包括动物疫病、自然灾害、食品安全等外部冲击，外部冲击对畜禽产品价格波动有重要影响，往往对畜禽市场价格波动起到推波助澜的作用（程国强等，2008；毛学峰等，2008；张利庠等，2011）。突发疫情、经济事件、自然灾害的暴发，由于时间点及影响程度均具有随机性，给畜禽产品市场带来诸多不确定性，引发了畜禽产品价格产生非常规性的波动，扰乱市场运行周期（徐彪，2014；石自忠等，2016），因此，外部冲击的不确定性为畜禽产品价格规律的把握设置了难题。部分学者通过 B-N 分解法度量了总体随机冲击对畜禽产品价格的影响，发现外部冲击对猪肉、牛肉等畜禽产品价格有负面效应，而且具有较长的持续期（张喜才等，2012；王明利等，2013）。

突发疫情是近年来畜禽产品价格波动主要原因之一，畜禽疫情等突发疫情导致供需异常变化进而导致畜禽产品价格异常波动（Serra，2011；张喜才等，2012；刘明月等，2014；戴炜等，2014）。突发疫情影响价格的主要途径是通过加剧农产品供需矛盾，引发价格剧烈波动（黄泽颖等，2016）。一方面，供给端受疫情影响，养殖场根据自身生产预期，调整生产导致供给变化；另一方面，消费端受疫情影响，消费者减弱消费信心和消费预期，进而调整其消费行为导致需求变化，供需异常引发了畜禽产品价格异常波动（郑燕等，2018）。较多学者针对畜禽疫情对畜禽产品价格的影响进行了研究，如国外学者研究发现，疯牛病对英国不同产品价格的影响存在差异，疫情导致牛肉收购、批发及零售价格出现不同程度下降，而羊肉价格出现上涨，猪肉价格较为平稳，对牛肉收购价格的影响是对零售价格的两倍以上（Lloyd T. et al.，2001；Leeming J. et al.，2004；Lloyd T. et al.，2006；Hassouneh I. et al.，2010）；口蹄疫疫情会导致猪肉和牛肉的收购、批发以及零售价格出现不同程度下跌，而鸡肉市场的各环节价格却有所上涨，禽流感和疯牛病疫情使得猪肉市场各环节价格持续上涨，鸡肉市场和牛肉市场则存在不同程度的下跌（Park et al.，2008）。国内学者研究发现，突发疫情等外部冲击对于畜禽产业链下游生产资料价格及加工环节的影响相对较小，而对中间养殖环节的影响较大（张利庠等，2011；潘方卉等，2016）；禽流感疫情导致白条鸡和鸡蛋价格水平下降，对白条鸡和鸡蛋价格影响最大，其次为猪肉价格，牛羊肉价格受到的影响相对较小，家禽产业链中肉雏鸡和蛋雏鸡受禽流感疫情影响最大（刘明月等，2013；赵玉等，2015；蔡勋等，2017）。

针对突发事件影响的分析方法可划分为两类：一是普通计量分析方法，多数学者通过多元线性回归模型、误差修正模型或自回归条件异方差模型等计量模型分析突发疫情事件对畜禽产品价格波动的影响（Lloyd et al.，2001；Leeming et al.，2004；刘明月等，2013；赵玉等，2015；蔡勋等，2017；郑燕等，2018）；二是事件分析法（Event Study Methodology，ESM），该方法是针对某一特定事件，评估其发生所造成影响的方法，作为一种度量事件影响的有效方法，在事件分析，尤其是突发事件影响分析方面起到了积极作用。20 世纪 90 年代以来，众多学者（Kim et al.，2001；Su Y. et al.，2002；张一等，2005；和文佳等，2019）运用了事件研究方法研究了地震灾难、"非典"疫情、网络突发事件、中美贸易摩擦及宏观调控政策等对不同市场的冲击。事件分析法不需要在一个较长的时期中进行观察、取样，而只需要在一个短时期内取样，有很强的可操作性（于长雷等，2016）。

综上，以往文献对畜禽产品价格波动及其影响因素进行了深入探讨，证实了动物疫病、自然灾害、食品安全等外部冲击对畜禽产品价格波动有重要影响，这为本研究提供了有益参考和借鉴。但以往研究侧重于分析畜禽疫情对畜禽产品价格波动的影响，缺乏针对重大公共安全类突发疫情对畜禽产品价格波动影响的研究，其中的影响机理仍不明晰，而且缺乏严谨的实证分析。新冠肺炎疫情不同于突发畜禽疫情，其对畜禽产业的影响也不同于畜禽疫情。为此，本研究以鸡蛋为例，首先分析新冠肺炎疫情对鸡蛋市场价格的影响机理，然后，运用事件分析法量化分析新冠肺炎疫情对鸡蛋市场价格及市场风险的影响。

二、 新冠肺炎疫情对鸡蛋市场价格的影响机理

"压力—状态—响应"（Pressure-State-Response，PSR）模型是 20 世纪 80 年代末由经济合作与发展组织（OECD）和联合国环境规划署（UNEP）共同提出的，通过"压力""状态""响应"对复杂系统某一动态、变化的属性进行评价的框架模型，多用在生态、环境、经济、交通等领域的分析及评价中，可以实现对突发事件影响演变机理的分析。基于 PSR 模型的思想，新冠肺炎疫情发生后采取应急措施所产生的压力（P）导致畜禽产品市场因供需失衡而处于价格大幅波动的状态（S），之后，政府、企业及养殖户等通过相应措施来应对和缓解价格波动（R）（图 9-1）。

从疫情给蛋鸡产业带来的压力来看。2020 年 1 月下旬新冠肺炎疫情发生，为应对疫情，各地陆续启动"突发公共卫生事件一级响应"，采取多项措施防止疫情传播，这些措施对切断疫情传播具有积极作用，但也为蛋鸡产业带了巨大压力。为应对疫情所采取的部分措施，影响了鸡蛋及饲料流通的通畅，产业发展的不稳定引起了鸡蛋价格异常波动。

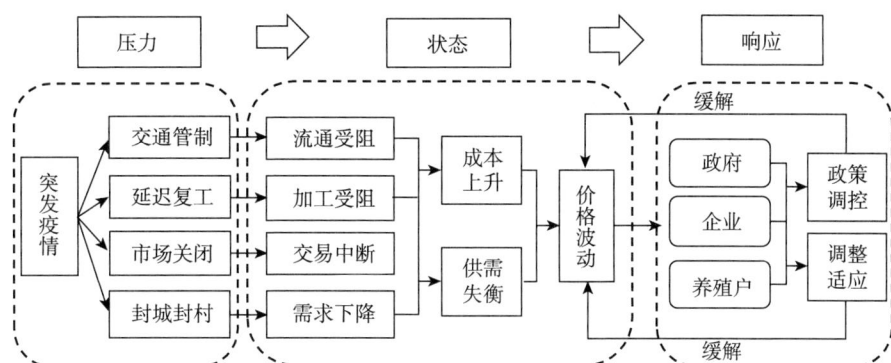

图 9-1　重大突发疫情对畜禽产品市场价格影响的 PSR 模型

为应对新冠肺炎疫情，各级政府通过政策调控以及企业、养殖场户调整生产决策，缓解了疫情对蛋鸡产业的影响。首先，各级政府发布实施的通道路、保供给、恢复产销秩序以及鸡蛋收储、蛋鸡养殖补贴等政策，打通了人流、物流堵点，放开了货运物流限制，推动了产业链各环节协同复工复产。其次，企业及养殖户通过调整生产决策应对疫情，如通过强制换羽等方式降低损失。随着这些措施的实施，鸡蛋市场需求逐渐恢复，鸡蛋产销秩序逐渐恢复正常，鸡蛋市场受疫情影响得到缓解，市场价格也逐渐恢复至正常周期波动。由此可以看出，新冠肺炎疫情发生后，短期内受各种疫情应对措施的影响，导致鸡蛋价格出现异常波动，但随着政府及各相关主体的调整适应，鸡蛋市场受疫情的影响减弱，鸡蛋价格逐渐恢复正常。

三、　模型设定及数据来源

（一）事件分析法

事件分析法可用于分析某一特定事件的发生对目标变量（即被解释变量）的影响，具体做法是：以事件发生时点为中心，考察事件发生前后目标变量的变化趋势及显著性程度（方意等，2019）。此外，可用事件发生后目标变量的变化来解释事件发生对目标变量的影响。

$$y_t = \alpha + \sum_{n=-m}^{m} \beta_n \delta_n + \varepsilon_t \qquad (9-1)$$

式中，y_t 为被解释变量，是指鸡蛋市场价格和市场风险；n 是指距离新冠肺炎疫情发生的时间距离，其取值范围 $[-m, m]$，表示新冠肺炎疫情发生之前的 m 个时间点至疫情发生之后的 m 个时间点；δ_n 为事件虚拟变量，具体设定形式如下：

$$\delta_t = \begin{cases} 1 & t = t_f + n \\ 0 & \text{other} \end{cases} \qquad (9-2)$$

t_f 为新冠肺炎疫情发生的时期，选取 2020 年 1 月为疫情发生当期；β_n 为关注的核心参数，反映了新冠肺炎疫情发生前后，目标变量的变化趋势，由此可以刻画疫情对鸡蛋市场价格及市场风险的影响。模型中参数 m（即窗口期）的选择上，本研究选取为 4。

（二）鸡蛋市场风险测度

鸡蛋市场价格风险通过采用 Bollerslev T.（1986）提出的广义条件异方差模型（GARCH 模型）获取的动态波动率来刻画。模型包括条件均值方程和条件方差方程：

$$R_t = X'\gamma + \varepsilon_t \qquad (9-3)$$

$$\sigma_t^2 = c_1 + \alpha \varepsilon_{t-1}^2 + \beta \sigma_{t-1}^2 \qquad (9-4)$$

式中，R_t 表示被解释变量，指鸡蛋价格；X 为解释变量，一般包括价格滞后项和外生变量；ε_t 为扰动项；σ_t^2 为条件波动率；ε_{t-1}^2 为 ARCH 项反映前期的波动信息；σ_{t-1}^2 为 GARCH 项，反映前期的条件方差。

（三）数据来源

本研究选取全国及主要省份鸡蛋价格月度数据为研究对象，数据来源于历年的《中国畜牧兽医年鉴》和中国畜牧业信息网，样本期限为2001 年 1 月至 2020 年 5 月。为有效反映新冠肺炎疫情对不同省份鸡蛋价格的影响，选取代表性的主产区和主销区进行分析。依据农业农村部划分标准，选择 5 个鸡蛋主产省份，分别为山东、河南、河北、辽宁、江苏，这些省份也是我国主要的鸡蛋调出省，鸡蛋产量占我国鸡蛋总产量的比重一直在 50％以上；在主销区选择上，基于以往研究，将各省份人均鸡蛋占有量明显小于人均鸡蛋消费量的省份作为鸡蛋主销区，主要包括北京、上海、浙江、广东、广西等 5 个省份，5 个省份鸡蛋产量占我国鸡蛋产量的比重不足 5％。为消除物价因素影响，以 2001 年 1 月为基期的 CPI 指数进行平减，同时，为消除季节性因素对鸡蛋价格波动的影响，运用 Census X12 方法对鸡蛋价格进行季节性调整。

四、　实证分析

（一）新冠肺炎疫情影响下鸡蛋价格波动情况

为直观反映新冠肺炎疫情影响下鸡蛋价格波动情况，通过 HP 滤波分析得到的全国及各地区鸡蛋价格长期趋势及周期变动情况。图 9 - 2 展示了全国鸡蛋平均价格波动情况，从长期趋势来看，鸡蛋价格经历了三个阶段，分别为 2001—2013 年的缓慢上升阶段、2013—2017 年的缓慢下降阶段以及 2017 年以来的缓慢上升阶段。从周期波动上看，鸡蛋价格波动周期并不固定，但其波动仍然呈现一定的规律性，自 2004 年以来波峰均处在每年的 9 月，而波谷基本处于每年的 4 月，呈现出"1—4 月下降、4—7 月缓慢上涨、7—9 月快速上涨、9—12 月缓慢下降"的波动规律。从最近的波动周期来看，2019 年 9 月以来鸡蛋价格处于周期性下降的阶段，但从此次下降趋势来看，其下降的幅度远超过以往任何一次周期性下降的幅度。具体来看，2019 年之前下降幅度最大的周期出现在 2011—2012 年，从 2011 年 9 月的 1.13 下降至 2012 年 4 月的－1.21，变化幅度为 2.33，而 2019 年 9 月以来的此次周期性下降，从 2019 年 9 月的 1.33 下降至 2020 年 5 月的－1.18，变化幅度为 2.51，与 2011—2012 年周期性下降相比下降幅度上升了 7.73％，与其他年度周期性下降相比，下降幅度更大。

从各地区鸡蛋价格波动情况来看，各地区鸡蛋价格长期趋势及周期波

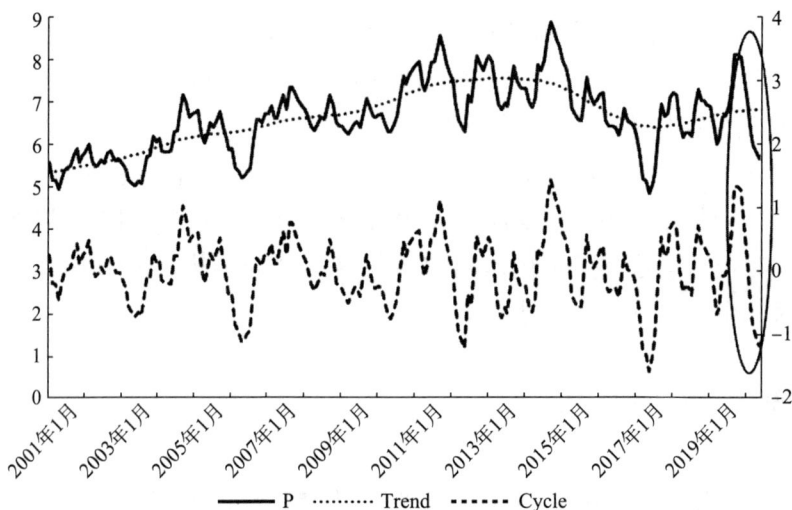

图 9-2　鸡蛋价格波动情况

注：P 表示季节调整后鸡蛋价格序列，Trend 表示鸡蛋价格长期趋势，Cycle 表示鸡蛋周期性波动趋势。

图中 2001M01 为 2001 年 1 月，即 M 代表月份。

动与全国鸡蛋平均价格波动趋势基本一致。2019 年 9 月以来各地区鸡蛋价格均处于周期性下降的阶段，但从下降趋势来看，除个别地区（上海）之外，其他地区鸡蛋价格下降的幅度均高于以往任何一次下降的幅度。通过比较 2019 年以来鸡蛋价格下降情况与 2019 年之前最大波动情况，即与以往极端情况进行比较，以此反映此次新冠肺炎疫情影响下鸡蛋价格变化情况（表 9-1）。从产销区比较来看，各主产区鸡蛋价格下降幅度与以往极端情况相比，下降幅度均超过了 10%，平均为 16.08%，而主销区鸡蛋价格下降幅度与以往极端情况相比，平均下降幅度为 10.18%，表明主产区此次鸡蛋价格下降幅度高于主销区。针对各地区而言，其中，主产省中的山东鸡蛋价格下降幅度与以往极端情况相比上升程度最大，下降幅度上升了 21.11%，其次为辽宁，与以往极端情况相比下降幅度上升了 18.60%；主销区中的北京鸡蛋价格下降幅度与以往极端情况相比上升程度最大，下降幅度上升了 16.08%，其次为广东，与以往极端情况相比下降幅度上升了 13.99%。

表 9 - 1　不同时期鸡蛋价格波动情况

时期		主产区						主销区				
		全国	山东	河南	河北	辽宁	江苏	北京	上海	浙江	广东	广西
2019 年之前	波峰	1.13	1.83	1.86	1.83	1.84	1.47	1.88	1.83	1.54	1.11	0.95
	波谷	−1.21	−0.85	−0.97	−0.86	−0.80	−1.46	−0.86	−0.91	−0.66	−0.85	−0.63
2019 年 9 月	波峰	1.33	1.87	1.85	1.82	1.90	1.77	1.37	1.32	1.32	1.35	1.04
2020 年 5 月	波谷	−1.18	−1.37	−1.39	−1.30	−1.23	−1.46	−1.80	−1.41	−1.06	−0.89	−0.75
下降幅度（%）		7.50	21.11	14.60	15.97	18.60	10.12	16.08	−0.76	8.32	13.99	13.28

综上可以看出，在剔除季节性因素以及长期趋势的影响之后，新冠肺炎疫情发生后，鸡蛋价格的下降幅度出现上升，鸡蛋价格波动幅度加剧，但是否由于新冠肺炎疫情所导致，需要进一步进行量化分析。接下来，进一步通过事件分析法量化评估新冠肺炎疫情对鸡蛋价格的影响。

（二）新冠肺炎疫情对鸡蛋价格的影响

基于季节调整后价格序列，计算鸡蛋价格收益率，公式为 $R_t = (p_t/p_{t-1}) \times 100$。为避免伪回归，通过 ADF 检验对鸡蛋价格收益率序列进行平稳性检验，检验结果显示，所有序列均为平稳序列。然后，通过事件分析法分析新冠肺炎疫情对鸡蛋价格的影响（表 9-2）。从新冠肺炎疫情对全国鸡蛋平均价格的影响来看。新冠肺炎疫情对鸡蛋价格影响的持续期约为三个月，在新冠肺炎疫情发生当月（2020 年 1 月），疫情对鸡蛋价格产生显著负向影响，并且随着时间推移，疫情对价格的影响有所增加，在疫情发生之后的一个月（2 月），疫情对鸡蛋价格的影响达到最大。但是随着相关措施的出台，市场需求逐渐恢复，供需矛盾得到缓解，3 月份疫情对鸡蛋价格的影响也得到缓解，疫情对鸡蛋价格的影响表现为显著的正向影响。结合前文分析，1 月为对应于 PSR 模型的"压力（P）"阶段，2 月对应于"状态（S）"阶段，3 月对应于"响应（R）"阶段。进一步，从显著性系数上来看，新冠肺炎疫情对鸡蛋价格的综合影响为负，这与上文分析较为一致，由此表明，总体而言，新冠肺炎疫情的发生导致全国鸡蛋价格出现较大幅度下降。

从新冠肺炎疫情对鸡蛋主产省鸡蛋价格的影响来看。第一，除个别主产省外，多数主产省鸡蛋价格受新冠肺炎疫情影响的持续期为三个月。新冠肺炎疫情在 2020 年 1 月和 2 月对山东、河南、江苏三省鸡蛋价格产生显著的负向影响，且在发生之后的 2 月影响达到峰值，新冠肺炎疫情发生之后的 3 月，疫情对鸡蛋价格的影响转为正向。新冠肺炎疫情在 1 月对辽宁鸡蛋价格的影响达到最大，2 月影响有所下降，同样在疫情发生之后的 3 月疫情的影响转为正向。第二，新冠肺炎疫情对不同鸡蛋主产省鸡蛋价格影响存在差异。山东、江苏两省鸡蛋价格受新冠肺炎疫情的影响相对较大，其他三省受到新冠肺炎疫情的影响相对较小。

从新冠肺炎疫情对鸡蛋主销区鸡蛋价格的影响来看。与主产省相比，主销区鸡蛋价格受到疫情影响程度相对较小，且影响的持续期较短。北京、浙江鸡蛋价格仅在 1 月受到显著的负向影响，广东、广西鸡蛋价格受疫情影响的时间为 1 月和 2 月，但受疫情影响程度相对较小，而上海鸡蛋价格并未受到疫情的显著影响。通过分析比较可以看出，鸡蛋价格下降幅度的加剧主要是由于新冠肺炎疫情的发生所导致，尤其是主产区鸡蛋价格由于新冠肺炎疫情所导致的下降幅度更大。

表 9 - 2　新冠肺炎疫情对鸡蛋价格影响

变量	全国	主产区					主销区				
		山东	河南	河北	辽宁	江苏	北京	上海	浙江	广东	广西
β_{-4}	-0.46	-8.61	-5.75	-3.84	-4.50	-3.13	-3.84	1.62	1.51	0.97	0.00
β_{-3}	4.12	6.38	5.36	7.02	6.84	4.82	7.02	1.67	3.48	3.09	-1.86
β_{-2}	1.69	3.26	4.83	3.25	4.39	1.97	3.25	-0.63	1.23	0.69	-3.78
β_{-1}	-1.95	-7.44	-7.11	-5.22	-4.91	-2.93	-5.22	-2.37	-0.09	2.97	2.15
β_0	-6.05**	-8.30*	-6.77*	-10.30**	-10.09**	-9.84**	-10.30*	-3.00	-9.42*	-5.58**	-3.95**
β_1	-7.02***	-15.59***	-7.88**	-7.53	-9.34**	-17.27***	-7.53	-4.61	-7.87	-5.13**	-4.41**
β_2	4.19*	14.83**	5.14*	7.84	8.25*	10.33**	7.84	-3.14	5.71	1.30	-0.33
β_3	-0.62	-1.56	0.53	-2.19	-2.40	1.17	-2.19	-5.43	-1.77	-2.20	-3.59
β_4	-4.03	-8.40	-8.16	-7.59	-6.34	-5.97	-7.59	-1.92	0.14	-0.60	-2.14
α	0.14	0.26	0.17	0.20	0.21	0.24	0.20	0.23	0.22	0.16	0.25**

注：***、**、* 分别表示在 1%、5%、10% 水平上显著。

（三）新冠肺炎疫情对鸡蛋市场风险的影响

新冠肺炎疫情对鸡蛋市场的影响不仅体现在鸡蛋价格的变化，而且导致鸡蛋市场风险的变化。通过公式（9-3）和公式（9-4）计算全国及各省鸡蛋市场价格风险，然后通过公式（9-1）测定了新冠肺炎疫情对鸡蛋市场风险的影响（表9-3）。

从新冠肺炎疫情对全国鸡蛋市场风险的影响来看，β_0、β_1 和 β_2 均显著为正，这与前文分析结论一致，表明新冠肺炎疫情导致全国鸡蛋市场价格波动幅度增大，市场风险上升。从影响的持续期来看，新冠肺炎疫情发生当月及之后的两个月导致全国鸡蛋市场价格波动幅度增大，表明疫情对全国鸡蛋市场风险影响的持续期为三个月。

从新冠肺炎疫情对主产区鸡蛋市场风险的影响来看，新冠肺炎疫情对各地鸡蛋市场风险的影响程度及持续期存在显著差异。新冠肺炎疫情发生当月，疫情对辽宁鸡蛋市场价格波动的影响最大，其次为江苏、河南和河北，山东鸡蛋价格波动受到的影响最小。但随着时间推移，疫情对河北和辽宁鸡蛋价格波动的影响在2月并不显著，表明新冠肺炎疫情对两省鸡蛋市场风险影响的持续期相对较短。1—3月疫情对河南和江苏鸡蛋价格波动的影响显著，表明新冠肺炎疫情对河南和江苏鸡蛋市场风险的影响持续期为三个月。新冠肺炎疫情对山东省鸡蛋价格波动的影响在疫情发生之后的第五个月仍然显著，表明新冠肺炎疫情对山东省鸡蛋市场风险的影响持续时间长。

从新冠肺炎疫情对主销区鸡蛋市场风险的影响来看。除北京和上海两地区鸡蛋价格波动在1月和2月受疫情显著影响之外，其他他地区鸡蛋市场价格波动均未受到疫情的显著影响，表明与主产区相比，新冠肺炎疫情仅对个别主销区鸡蛋市场风险产生显著影响，导致市场风险有所上升，多数主销区鸡蛋市场风险并未受到新冠肺炎疫情的显著影响。

表 9-3 新冠肺炎疫情对鸡蛋市场风险的影响

变量	全国	主产区					主销区				
		山东	河南	河北	辽宁	江苏	北京	上海	浙江	广东	广西
β_{-4}	2.18	6.27	5.77	5.09	10.00	1.65	−7.03	−3.95	−20.27	0.49	−0.28
β_{-3}	−0.69	5.14	7.31	−2.53	−1.19	−7.32	−9.34	−3.90	−32.33	−1.03	1.14
β_{-2}	−0.72	10.84	12.19	−0.32	−0.45	−5.34	−3.07	−3.21	−33.66	1.11	−0.03
β_{-1}	−0.30	9.53	10.65	0.14	−4.98	−3.82	−5.20	−3.14	−33.42	1.48	1.23
β_0	11.89***	20.73**	36.86**	35.97*	56.54***	37.38*	11.10	13.86**	32.81	−1.78	−0.11
β_1	5.01*	20.14**	26.48*	−2.38	17.97	31.55*	0.53**	7.77	84.21	5.71	1.31
β_2	7.66***	46.69***	24.23	5.58	19.02	123.31***	−7.03	5.55	58.55	6.90	1.44
β_3	2.00	61.41***	15.15	3.77	15.05	29.85	−1.65	2.72	15.66	1.10	−0.68
β_4	−1.39	36.34***	3.19	−5.48	−10.31	−11.09	9.92	3.48	−22.84	0.10	1.13
α	7.61***	25.29***	25.97***	27.96***	26.56***	22.71***	28.98***	15.40***	38.86***	5.96***	3.49***

注：***、**、* 分别表示在 1%、5%、10% 水平上显著。

（四）稳健性检验

为检验估计结果的稳健性，本研究整理了新冠肺炎疫情发生以来每日确诊病例数量，然后计算月度平均疫情确诊数量并取对数，将其作为新冠肺炎疫情严重程度的代理变量。最后，将其带入模型重新进行估计，估计结果如表 9-4 所示。可以看出，除估计系数存在差别之外，估计结果与上文估计结果基本一致，表明估计结果较为稳健。

表 9-4 新冠肺炎疫情对鸡蛋价格及市场风险影响

变量	全国	主产区					主销区				
		山东	河南	河北	辽宁	江苏	北京	上海	浙江	广东	广西
					价格估计结果						
β_0	−0.97**	−1.33*	−1.08*	−1.65*	−1.62**	−1.58**	−0.77	−0.48	−1.52**	−0.91**	−0.63**
β_1	−0.90***	−2.00***	−1.00**	−0.96	−1.19*	−2.22***	0.23	−0.59	−1.01	−0.66**	−0.56**
β_2	0.95*	3.35***	1.17*	1.78	1.87	2.33**	1.15	−0.69	1.29	0.29	−0.07
β_3	−0.15	−0.38	0.15	−0.55	−0.61	0.31	−2.14	−1.39	−0.45	−0.58	−0.92
β_4	−1.98	−4.12	−4.01	−3.72	−3.11	−2.93	−10.12	−0.93	0.07	−0.31	−1.05
α	0.12	0.18	0.10	0.14	0.16	0.20	0.16	0.18	0.21	0.19	0.23*

（续）

变量	全国	主产区					主销区				
		山东	河南	河北	辽宁	江苏	北京	上海	浙江	广东	广西
					风险估计结果						
β_0	1.92***	3.32**	5.92**	5.81***	9.13***	6.05*	1.82	2.25**	5.40	−0.29	−0.02
β_1	0.64**	2.57**	3.38	−0.30	2.31	4.07	0.09**	1.01	10.91	0.73	0.17
β_2	1.72***	10.45***	5.41	1.26	4.28	27.74***	−1.55	1.27	13.31	1.55*	0.32
β_3	0.52	15.80***	3.86	0.97	3.88	7.73	−0.39	0.72	4.21	0.28	−0.18
β_4	−0.69	17.88***	1.49	−2.71	−5.10	−5.44	4.98	1.76	−10.98	0.05	0.55
α	7.60***	25.48***	26.15***	27.95***	26.56***	22.62***	28.83***	15.32***	38.21***	5.96***	3.50***

注：***、**、* 分别表示在 1%、5%、10%水平上显著。

五、 结论及启示

本研究在分析新冠肺炎疫情对鸡蛋市场价格影响机理的基础上，通过事件分析法量化了新冠肺炎疫情对鸡蛋市场价格及市场风险的影响。结果表明：一是新冠肺炎疫情对鸡蛋市场的影响经历了"压力-状态-响应"三个阶段，新冠肺炎疫情发生之后，采取的疫情防控措施对鸡蛋市场产生了较大影响，随着政府政策调控及相关主体的调整适应，疫情对鸡蛋市场的影响逐渐减弱；二是在剔除季节性因素以及长期趋势的影响之后发现，新冠肺炎疫情加剧了鸡蛋价格波动程度，但对不同地区鸡蛋价格的影响存在差异，疫情对主产区鸡蛋价格的影响程度及影响的持续期均高于对主销区鸡蛋价格的影响，疫情对多数主产区鸡蛋价格的影响持续期为3个月，疫情发生当月及发生后的一个月，对鸡蛋价格产生显著负向影响，第三个月转为正向影响；三是疫情不仅影响鸡蛋价格水平，还导致鸡蛋市场风险上升，尤其是对主产区鸡蛋市场风险的影响较大，而对主销区鸡蛋市场风险的影响较小。

基于以上结论，针对较大公共类突发疫情，为降低疫情影响、防止鸡蛋价格出现大幅波动提出以下三点政策建议。

第一，应尽可能保障鲜活农产品流通秩序，保持鲜活农产品绿色通道畅通，避免流通受阻导致的供需矛盾引致鸡蛋价格大幅波动。

第二，重点关注主产区鸡蛋市场价格，加大对主产区鸡蛋价格监测和市场调控，及时发布市场预警信息，引导养殖场户合理调整生产决策。

第三，多举措提升养殖主体风险应对能力，一方面通过财政、信贷、保险等扶持措施化解疫情对养殖主体造成的影响；另一方面，加强对养殖主体的生产指导，提升养殖主体经营能力和素质，提高其抗市场风险能力。

第十章

我国鸡蛋市场价格波动状态
转换及非对称性分析*

　　农产品价格稳定关系到社会安定、居民生活以及社会的有序发展，近年来农产品价格的频繁波动不仅使生产者遭受了严重损失，也损害了消费者的利益。鸡蛋作为一种鲜活优质的动物蛋白食品，是城乡居民日常生活中重要的动物源性农产品，与城乡居民生活息息相关。自 1985 年起，我国鸡蛋产量就跃居世界首位，但经过 30 多年的发展，仍以"散、小"农户生产为主，而小农户固有的弱势，使得近年来鸡蛋价格频繁出现大幅度的波动，反复出现"倒霉蛋""火箭蛋"现象，对蛋鸡养殖户的养殖收益造成了一定影响，扰乱了农产品市场正常秩序，鸡蛋市场价格的稳定备受各界关注。近年来，部分学者主要通过 X12 季节调整、HP 滤波方法和协方差等对鸡蛋价格变化的周期性和集聚性进行了研究（赵一夫等，2013；王贝贝等，2015；闫振宇等，2018），但没有很好地剖析鸡蛋价格变动的非线性和时变性特点。已有文献表明农产品价格波动呈现显著的非线性特点（Adeangi B. et al.，2003；Westerhoff F. et al.，2005），相比于线性模型，非线性模型更能准确地反映价格波动的真实情况，因此引入非线性模型分析价格的波动特征是非常必要的。准确把握鸡蛋市场价格波动特征，了解鸡蛋价格波动路径，探究价格波动的内在原因，对完善鸡蛋市场价格

---

　　* 发表于《中国家禽》2020 年第 9 期。

波动研究及制定宏观调控政策均具有重要的参考意义。基于此，本研究通过多种方法对鸡蛋价格波动状态转换及非对称特征进行分析，以期更好地了解鸡蛋价格波动特征，为鸡蛋市场价格调控政策制定提供参考依据。

一、 文献回顾

19 世纪初，美国经济学家亨利最先对美国农业供给、需求及价格做了研究，为今后的研究奠定了基础。随后，1930 年美国的舒尔茨、荷兰的丁伯根、意大利的里西提出了影响现代价格研究的经典经济模型——"蛛网模型"，1934 年和 1938 年英国的卡尔多和美国的伊齐基尔先后对此理论加以扩展，从供给由上一时期价格决定的假定出发，构建了递归模型，这为今后的价格波动的研究提供了理论基础。现阶段，有关价格波动特征的研究较多，其中，就畜牧业而言，国内外学者的研究对象主要集中在生猪产业，所用的方法基本为滤波分析等时间序列方法。早在 1938 年伊齐基尔就利用蛛网理论对猪肉价格波动周期进行了测算，形象地刻画了猪肉供给量和猪肉价格之间的动态关系，Talpaz 进一步区分了价格波动中的短周期和长周期（Talpaz H.，1974），随后 Futrell 等研究了美国生猪生产的波动周期为 4～5 年左右（Futrell G. et al.，1989）。也有部分学者对中国生猪产业波动周期进行了研究，如，毛学峰等、于少东均对我国生猪产业进行分析（毛学峰等，2008；于少东，2012），得出猪肉价格和生产周期的波动基本一致，大约为 3 年左右。除了波动周期，还有部分学者研究了猪肉价格波动特征（吕杰等，2007）、价格波动的影响因素（百暴力等，2007）等。有关鸡蛋价格波动特征的研究主要集中鸡蛋价格波动的周期性、季节性以及集聚性等几方面（赵一夫等，2013；王贝贝等，2015；闫振宇等，2018）。还有部分学者研究了鸡蛋价格变动的影响因素以及价格预测（周向阳等，2016；牛东来等，2017）。

通过对以往文献的梳理可以看出，此方面的研究仍不够深入，且未考虑其价格波动的非线性特征，不能很好地反映价格真实的变化规律，而这方面的研究对于深入理解鸡蛋价格波动特征具有重要的现实意义，所以本研究将采多种方法，基于非线性视角分析鸡蛋市场价格波动的状态转换及非对称特征。第一，基于非线性视角通过马尔科夫转换自回归（MS-AR）模型分析鸡蛋市场价格波动的状态转换特征，进而得出鸡蛋价格波动路径。第二，分析鸡蛋价格波动的集聚效应，运用 ARCH 类（TARCH、EGARCH、GARCH-M）模型分析鸡蛋价格波动的集聚特征、非对称特征、杠杆效应等。

二、 鸡蛋市场价格波动基本特征

（一）数据来源

鉴于数据可获得性，本研究采用 2000 年 1 月至 2018 年 6 月的月度鸡蛋集贸市场价格作为研究对象，数据主要来源于中国畜牧业信息网，在获取基础数据后，为消除通货膨胀影响，利用 2000 年 1 月为基期的 CPI 对鸡蛋价格进行平减，为消除异方差影响，对鸡蛋价格取对数处理。

（二）鸡蛋市场价格波动走势

图 10 - 1 展示了 2000 年以来鸡蛋价格基本情况，首先，鸡蛋价格经

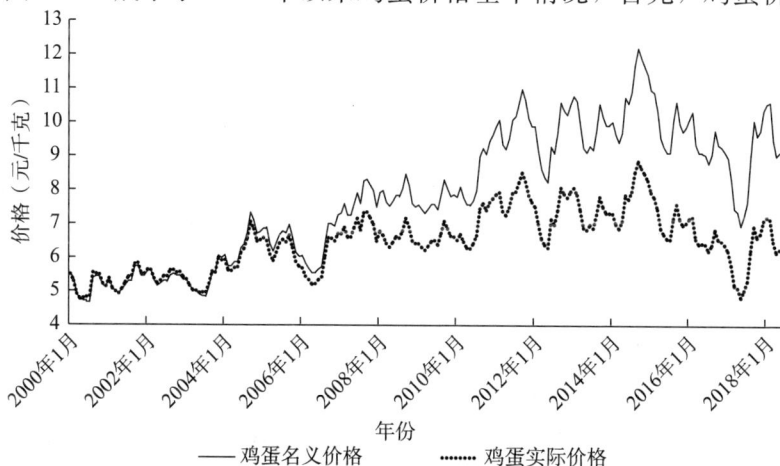

图 10 - 1　鸡蛋价格走势

数据来源：中国畜牧业信息网。

历了波动上升又波动下降的趋势。总体上可以划分为两个阶段，即 2000 年 1 月至 2014 年 12 月的波动上升阶段，2015 年 1 月至 2018 年 6 月的波动下降阶段，鸡蛋价格在 2014 年 12 月达到历史最高，为 12.20 元/千克。其次，鸡蛋价格波动频率和幅度呈增长趋势，尤其是 2010 年以来鸡蛋价格波动愈发频繁且波动幅度不断扩大。最后，在消除通货膨胀影响之后，得到鸡蛋实际价格，可以看出两者走势基本一致，而消除通货膨胀后的实际价格波动幅度相对较小，但在消除通货膨胀后 2017 年鸡蛋价格下跌至 2000 年以来最低水平。

三、 模型构建

本研究主要利用非线性马尔科夫转换自回归（MS-AR）模型捕捉鸡蛋市场价格的非线性动态转换特征，考察其波动的路径；运用非线性 ARCH 类（TARCH、EGARCH、GARCH-M）模型分析鸡蛋价格波动的集聚特征、非对称特征、杠杆效应等。具体模型介绍如下：

（一）马尔科夫转换自回归（MS-AR）模型

马尔科夫转换自回归（MS-AR）模型不同于普通的线性 AR 模型，它是由 Hamilton（1990）提出的变参数模型，是一种非线性的时序模型。首先，考虑普通的具有截距项的 AR（p）模型：

$$y_t = v + \sum_{i=1}^{p} A_i y_{t-i} + \mu_t \qquad (10-1)$$

式中，y_t 表示时间序列变量；v 表示常数截距项；p 表示滞后阶数；A_i 为估计的参数，$i=1, 2, \cdots, p$；μ_t 为残差项。将式（10-1）转化为具有均值形式的 AR（p）模型：

$$y_t - \mu = \sum_{i=1}^{p} A_i (y_{t-i} - \mu) + \mu_t \qquad (10-2)$$

式中，y_t、A_i、μ_t 含义与上式相同，而 μ 为变量 y_t 的均值。假定模型中存在 M 种不可观测的状态，用 S_t 来表示，其中 $t=1, 2, \cdots, M$，除此之外，假定其误差项 μ 和截距项 v 均存在 M 种不可观测的状态，而且 S_t 表示一组随机向量且服从马尔科夫链，转移概率矩阵可以表示为：

$$P=\begin{bmatrix} P_{11} & P_{12} & \cdots & P_{1M} \\ P_{21} & P_{21} & \cdots & P_{2M} \\ \vdots & \vdots & \vdots & \vdots \\ P_{M1} & P_{M2} & \cdots & P_{MM} \end{bmatrix} \qquad (10-3)$$

$$P_{ij}=P_r \ (s_t=j \,|\, s_{t-1}=i) \qquad (10-4)$$

$$\sum P_{ij}=1 \qquad (10-5)$$

由此可以构建不同形式的 MS-AR 模型。

（二）GARCH 模型

自回归条件异方差模型（ARCH 模型）由 Engle 提出，模型的基本形式如下：

$$R_t=c_0+\gamma_0 X^{'}+\varepsilon_t R_t=X^{'}\gamma+\varepsilon_t \qquad (10-6)$$

$$h_t=c_1+\sum_{i=1}^{p}\alpha_i\varepsilon_{t-i}^2 \qquad (10-7)$$

式（10-6）为均值方程，R_t 表示被解释变量，指鸡蛋价格；c_0 为常数项；X 为解释变量，一般包括价格滞后项和外生变量[①]；ε_t 为扰动项。式（10-7）为方差方程，其中 h_t 为 ε_t 条件方差，其为扰动项滞后项的加权平方和；$\sum_{i=1}^{p}\alpha_i\varepsilon_{t-i}^2$ 为 ARCH 项。当 ARCH 模型中滞后阶数 p 较大时，可用广义条件异方差模型（GARCH 模型）进行分析，模型由两部分组成，其中，均值方程同式（10-6），条件方差方程为：

$$h_t^2=c_1+\sum_{i=1}^{p}\alpha_i\varepsilon_{t-i}^2+\sum_{j=1}^{p}\alpha_j\varepsilon_{t-j}^2 \qquad (10-8)$$

式中，$\sum_{i=1}^{p}\alpha_i\varepsilon_{t-i}^2$ 为 ARCH 项，反映前期的波动信息；$\sum_{j=1}^{p}\alpha_j\varepsilon_{t-j}^2$ 为 GARCH 项，反映前期的条件方差。

（三）ARCH 类模型

GARCH-M 模型由 Engle R.、Lilien 和 Robins 在 1987 年提出，其表

---

① 本文仅包括鸡蛋价格变量滞后项。

达式设定为：

$$R_t = c_0 + \gamma_0 X' + \rho h_t^2 + \varepsilon_t \qquad (10-9)$$

$$h_t^2 = \alpha_0 + \alpha_1 \varepsilon_{t-1}^2 + \alpha_2 \varepsilon_{t-2}^2 + \cdots + \alpha_i \varepsilon_{t-i}^2 \qquad (10-10)$$

在均值方程中加入了反映市场风险的 h_t^2，其参数 ρ 反映了风险与收益间的一种权衡。

1993 年，Glosten、Jagannathan 和 Runkle 联合提出了 TARCH 模型，其条件方差方程为：

$$h_t^2 = c_1 + \sum_{i=1}^{p} \alpha_i \varepsilon_{t-i}^2 + \sum_{j=1}^{q} \beta_j h_{t-j}^2 + \sum_{k=1}^{r} \gamma_k \varepsilon_{t-k}^2 d_{t-k} \qquad (10-11)$$

式中，$\sum_{k=1}^{r} \gamma_k \varepsilon_{t-k}^2 d_{t-k}$ 为非对称项；d_{t-k} 为虚拟变量。当 $\varepsilon_{t-k} < 0$ 时，$d_{t-k} = 1$，否则 $d_{t-k} = 0$，所以如果 γ_k 显著异于 0，说明存在非对称效应。方差方程中利好消息（$\varepsilon_{t-k} > 0$）和坏消息（$\varepsilon_{t-k} < 0$）对条件方差的影响不同，利好消息时仅有 α_i 的冲击，因为此时 $d_{t-k} = 0$，非对称项不存在；坏消息时有 $\alpha_i + \gamma_k$ 的冲击，此时 $d_{t-k} = 1$，存在非对称效应。若 γ_k 大于 0 则表示非对称性使得波动变大，即存在杠杆效应。

EGARCH 模型由 Nelson（1991）提出，其条件方差方程为：

$$\ln(h_t^2) = c_1 + \sum_{i=1}^{p} \alpha_i \left| \frac{\varepsilon_{t-i}}{h_{t-i}} + E\left(\frac{\varepsilon_{t-i}}{h_{t-i}}\right) \right| + \sum_{j=1}^{q} \beta_j \ln(h_{t-j}^2) + \sum_{k=1}^{r} \gamma_k \frac{\varepsilon_{t-i}}{h_{t-i}}$$

$$(10-12)$$

其中，等式左边为条件方差的对数，γ_k 反映的"杠杆效应"，只要其显著异于 0，说明冲击存在非对称性。而其含义与 TARCH 模型相反（曹辉等，2012）。

四、 鸡蛋市场价格动路径分析

（一）模型选择和区制划分

首先，对通过 Census X13 季节调整并取对数后鸡蛋价格序列进行 ADF 平稳性检验，原序列不平稳，差分后序列变为平稳序列（表 10-1），利用差分序列进行 MS-AR 模型分析。其次，在 MS-AR 模型选择上，根据 AIC、SC 和 HQ 准则确定模型形式和滞后阶数，通过 2 区制和 3 区制以及 1～10 滞后阶数下不同形式模型的比较，确定最优模型形式为 MSAH（3）-AR（8），即区制数量为 3，自回归滞后阶数为 8。最后，从不同区制下鸡蛋价格波动率可以看出，区制 1 下鸡蛋价格平均增长率为 1.07%，区制 2 下鸡蛋价格平均下降率为 −0.23%，而区制 3 下鸡蛋价格平均下降率为 −0.33%，因此可将区制 1～3 分别视为"快速增长区制""低速下降区制"和"快速下降区制"（表 10‑2）。

表 10‑1　鸡蛋价格平稳性检验

变量	类型（C, T, K）	T 统计量	1%	P 值	结果
$\ln P$	（C, T, 0）	−1.93	−4.00	0.64	不平稳
$\Delta \ln P$	（0, 0, 0）	−13.79	−2.58	0.00***	平稳

注：（C, T, K）中 C 为截距项，T 为趋势项，K 为滞后期数；＊＊＊表示在 1% 水平上显著，下同。

表 10‑2　不同区制下鸡蛋价格平均增长率　　　　　　　单位：%

	区制 1	区制 2	区制 3
鸡蛋价格	1.07	−0.23	−0.33

（二）区制状态转换分析

从区制转移概率上看（表 10‑3），首先，鸡蛋价格维持在 3 个区制下的概率分别为 0.58、0.36 和 0.73，说明区制 3 最为稳定；其次，由区制 2 向区制 3 转移的概率高达 0.62，说明鸡蛋价格容易出现区制 2 向区制 3 转换的状态，由区制 3 向区制 1 转移的概率为 0.27，远高于向区制 2 转移的概率，说明鸡蛋市场状态转换具有非对称性，同样说明鸡蛋价格容易出现从快速下跌的市场状态向快速上涨的市场状态转换，也表明鸡蛋价格在快速下跌之后容易出现快速的反弹，波动幅度较大。从发生频率和平均持续期看，鸡蛋价格样本期的 52% 处于低速下降区制，处于该区制下时间最长，且在该区制下平均持续期也最长，平均持续期为 3.72 个月，但总体而言，鸡蛋价格在各市场状态下持续时间均较短，价格波动较为频繁。

表 10 - 3　鸡蛋价格区制转移概率和平均持续期

区制	转移概率			样本个数	频率	平均持续期（月）
	区制 1	区制 2	区制 3			
区制 1	0.58	0.25	0.16	73	0.34	2.40
区制 2	0.02	0.36	0.62	111	0.52	3.72
区制 3	0.27	0.00	0.73	29	0.14	1.57

注：区制 1～3 分别视为"快速增长区制""低速下降区制"和"快速下降区制"。

从图 10 - 2 可以看出，鸡蛋市场价格不同市场状态频繁交错，状态转换现象明显，表明鸡蛋市场状态转换特征突出且状态转换频率较高，鸡蛋价格具有状态不稳定的特征。造成这一现象的原因包括鸡蛋供需因素以及外部因素（禽流感疫情等）。供需因素主要包括蛋鸡饲料价格、蛋鸡苗、人工、鸡舍、机械设备等生产要素的投入量以及市场价格，生产者以及消

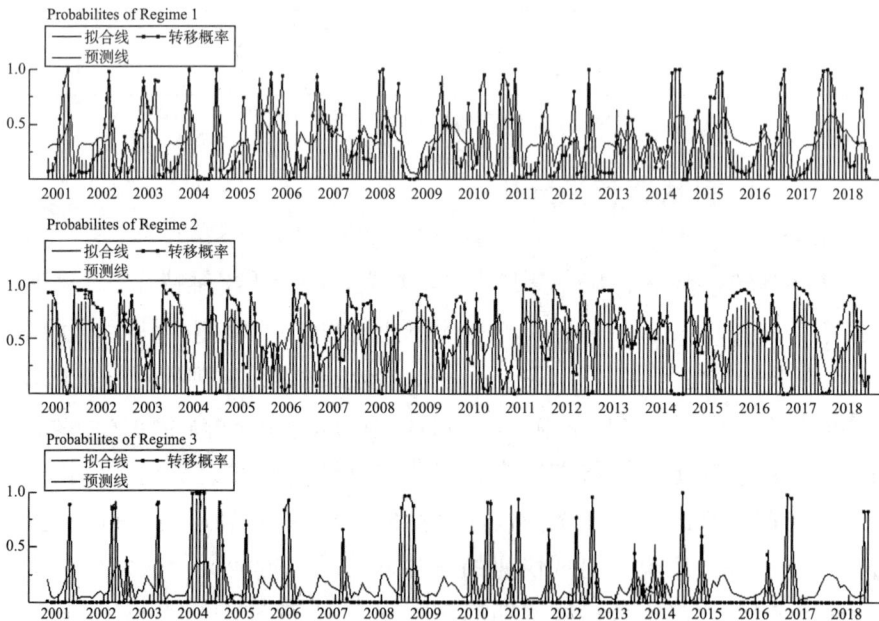

图 10 - 2　鸡蛋价格区制平滑概率图

费者的市场预期及决策行为，而外部因素主要指禽流感等动物疫情。这些因素共同作用，导致鸡蛋市场状态不稳定。

五、 鸡蛋市场价格波动非对称性分析

（一）相关检验

在模型分析之前，需要对鸡蛋价格序列进行 ARCH 效应检验以确定是否存在波动集聚效应，经过测试，发现鸡蛋价格均值方程属于 ARMA（2，1）形式。通过 ARCH-LM 检验，发现在滞后 1～5 阶时鸡蛋价格 F 统计量和 nR^2 检验均在 1% 水平上显著，说明鸡蛋价格存在 ARCH 效应（表 10 - 4），表明鸡蛋价格存在明显的波动集聚特征。

表 10 - 4　鸡蛋价格 ARCH 效应检验

	滞后 1 阶	滞后 2 阶	滞后 3 阶	滞后 4 阶	滞后 5 阶
F 统计量	32.67***	16.64***	11.13***	8.31***	6.77***
nR^2	29.93***	30.52***	30.68***	30.65***	31.21***

（二）模型估计及结果分析

表 10 - 5 为 ARCH 类模型估计结果。首先，从 GARCH 模型方差方程 ARCH 项系数 α_1 和 GARCH 项系数 β_1 上看，两者均显著异于 0，说明鸡蛋价格不仅受外部因素的冲击而且受其前期价格波动的影响，从两者比较上看，α_1 小丁 β_1，说明鸡蛋价格波动受长期波动的影响大于短期外部冲击波动的影响；从两系数之和上看，两系数之和均小于 1，说明外部冲击对鸡蛋价格波动的影响会随着时间推移逐渐消失。其次，通过 GARCH-M 模型估计可以看出，均值方程 ρ 在 5% 水平上显著异于 0，说明鸡蛋价格存在"风险报酬"的特征，以禽流感疫情为例，当市场暴发禽流感疫情时，鸡蛋价格波动较大时，市场供给主体希望获得与之相对应的收益，即呈现"高风险、高回报"的特征。最后，TARCH 模型和

EGARCH 模型中 γ_1 均在 5% 水平上显著，说明鸡蛋价格波动存在非对称性。TARCH 模型 γ_1 小于 0，而 EGARCH 模型中 γ_1 大于 0，说明价格上涨的"好消息"比价格下降的"坏消息"更容易产生较大的波动，因为 TARCH 模型中的 γ_1 是负数，削弱了价格波动，而 EGARCH 模型中 γ_1 为正数，价格下降的信息同样削弱了价格波动。进一步基于 EGARCH 模型绘制信息冲击曲线（图 10-3），可以看出鸡蛋价格波动具有明显的非对称性，当信息冲击小于 0 时，也就是负向冲击（价格下跌信息）时，曲线较为平缓，而当信息冲击大于 0 时，也就是正向冲击（价格上涨信息）时，曲线明显较为陡峭，表明价格上涨信息使得鸡蛋价格波动变化更大，即同样的变化幅度，价格上涨时所带来的价格波动大于价格下跌时所带来的价格波动。其主要原因是蛋鸡养殖户对价格上涨信息更加敏感，由于蛋鸡业的进入门槛较低，当鸡蛋价格上升时，一部分新增养殖户会被吸引，进去蛋鸡养殖行业，另一部分蛋鸡养殖户受利益的驱使，对鸡蛋价格上涨作出较快的反应，扩大养殖规模，增加蛋鸡存栏量，提高鸡蛋供给，供给出现较大变化，但鸡蛋需求相对稳定，从而加大了鸡蛋市场价格的波动；而鸡蛋价格下降时，蛋鸡养殖户因为蛋鸡养殖周期限制，以及"沉没成本"存在导致退出壁垒较高，并不能很快调整鸡蛋供给，所以此时对鸡蛋价格的反应较慢，价格下跌的"坏消息"对短期鸡蛋价格供给的影响较小，在鸡蛋需求基本稳定的条件下，此时的鸡蛋价格波动并没有价格上涨时期冲击下的剧烈，因此，鸡蛋价格表现出波动的非对称性。

表 10-5   鸡蛋价格 ARCH 类模型估计结果

系数		GARCH	GARCH-M	TARCH	EGARCH
均值方程	AR（1）	1.43***	1.46***	1.47***	1.44***
		(10.75)	(14.16)	(7.35)	(11.59)
	AR（2）	−0.57***	−0.61***	−0.58***	−0.57***
		(−5.75)	(−8.11)	(−3.83)	(−6.06)
	MA（1）	−0.51***	−0.56***	−0.59***	−0.55***
		(−3.24)	(−4.54)	(−2.61)	(−3.84)
	ρ	—	0.35**	—	—
			(2.13)		

（续）

系数		GARCH	GARCH-M	TARCH	EGARCH
方差方程	c_1	0.24** (2.49)	0.15** (2.56)	0.23*** (7.76)	−0.28** (−2.46)
	α_1	0.34** (2.21)	0.25** (2.49)	0.55*** (2.71)	0.25** (2.44)
	β_1	0.52*** (4.02)	0.63*** (6.27)	0.52*** (3.60)	0.74*** (6.69)
	γ_1	—	—	−0.47** (−2.05)	0.35** (2.42)

注：括号内为 Z 统计值。

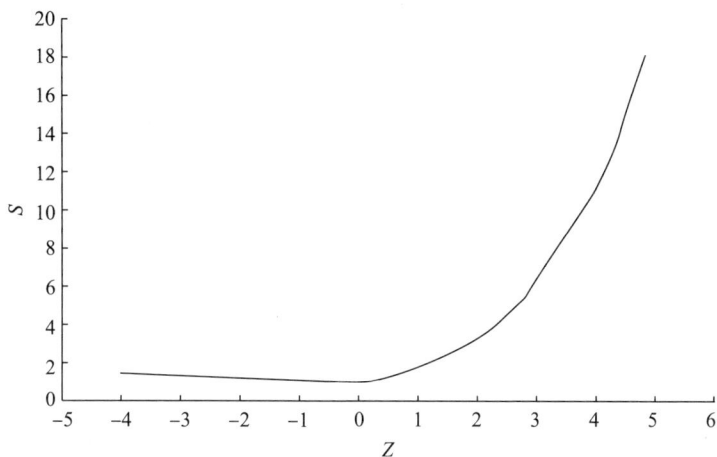

图 10-3 鸡蛋价格信息冲击曲线

六、 结论与建议

分别运用马尔科夫转换自回归（MS-AR）模型、ARCH 类（TARCH、EGARCH、GARCH-M）模型等方法，对鸡蛋市场价格波动的基本特征、波动路径、集聚性、非对称性以及价格杠杆效应等多方面进行研究，研究结果表明：一是鸡蛋市场状态转换具有非对称性，容易出现"跳跃式"转变，尤其是容易出现从快速下跌的市场状态向快速上涨的市场状态转换；二是鸡蛋价格在各市场状态下持续时间均较短，其中，有 52% 的时间处于低速下降市场状态；三是鸡蛋价格波动存在集聚性，且具有"风险报酬"的特征，当鸡蛋价格波动较大时，市场供给主体希望获得与之相对应的高收益，即具有"高风险、高回报"的特征；四是鸡蛋价格波动存在非对称性，价格上涨的市场信息使得鸡蛋价格波动幅度更大。

基于此，提出如下政策建议：

第一，增强鸡蛋价格的调控能力。国家在进行宏观调控时应在遵循市场化原则的基础上，保障鸡蛋市场价格的良性发展，要格外注意外部冲击造成的价格剧烈波动。

第二，加强鸡蛋市场供需及价格监测。通过定点监测及时把握鸡蛋市场供需及市场结构变化，针对鸡蛋市场供需大幅波动，提前预警，积极引导产业相关主体调整市场预期。

第三，多渠道优化疫病防控体系，尤其是针对高传染性、高变异性、高传播性禽流感疫情的防控。联合高校及科研院所，做好蛋鸡养殖基础防疫工作，加强疫病防控知识的宣传与培训；完善防疫体系政府补偿金制度，做好疫病发生时的处理和补偿。

第十一章

养殖资本化对我国鸡蛋价格
波动的影响分析 *

　　畜牧业是国民经济的重要部门，畜禽产品是城乡居民的重要消费品。改革开放以来，中国畜牧业发展不断受到重视，得到了快速发展，畜禽规模化养殖水平逐渐提升，畜禽产品产量稳步增加，为人们膳食结构的不断优化做出了巨大贡献。以鸡蛋为例，自 1985 年以来中国已连续 34 年保持了世界第一鸡蛋生产大国的地位，2017 年鸡蛋产量达到 2 632 万吨左右，相比于 1980 年提高了 3.03 倍，2017 年国内人均鸡蛋消费量达到 19 千克左右。而畜禽产业固有的弱质性和报酬率低等特点，使得对以畜禽业为主要收入的养殖户来说，价格变动显得尤为重要。例如我国中小规模蛋鸡养殖户（万只以下）为全国提供了 63% 左右的蛋鸡存栏量和鸡蛋产量（翁鸣，2013），但鸡蛋作为畜禽产品中价格波动最为剧烈的产品之一，鸡蛋价格波动直接影响了养殖户的收入和生活水平（秦富，2017）。部分学者指出，畜禽产品价格剧烈波动的一个重要的原因是小规模养殖，规模化养殖在一定程度上可以平抑价格的波动（周晶等，2015；郑承利等，2018），蛋鸡产业自 2009 年开启了养殖规模化之路，2011 年进行产业需求结构调整，2013 年资本化养殖迅速发展，2014 年产业链整合优化，2016 年产业全面转型升级。自 21 世纪以来，在市场机制的作用下，社会各界资本纷

---

*　发表于《黑龙江畜牧兽医》2020 年第 20 期。

纷进入农业市场，由于大资本固有的优势，增强了农业抵御外部风险的能力，蛋鸡产业作为畜禽产业中的第二大产业，因其资产专用性较高，成为大资本进入农业的一个突破口。而随着社会资本不断进入蛋鸡产业，大规模养殖户养殖效率、议价能力以及抵御风险能力都得到了相应的提高，那么，资本化养殖能否平抑鸡蛋价格波动？如果可以，不同规模资本化养殖对鸡蛋价格平抑效果如何？这些问题的回答有助于深入认识资本化养殖对畜产品价格的稳定效应，对于有针对性地推动养殖资本化发挥其平抑畜禽产品价格波动作用，以及制定和完善相关调控政策均具有重要的意义。

一、 理论机制与研究假说

马克思认为小农难以成为现代市场经济的主体，其曾预见"懒惰的农场主将被资本家取代，以积聚的资本进行经营"，小农经济具有其固有的弊端。翟文华等也通过研究得出农业资本化替代小农经济是必然性的，只有现代农业经济替代小农经济，才能确保国家粮食安全，实现农业强、农村美、农民富（翟文华等，2014）。针对畜禽产业而言同样如此，部分学者指出，小规模养殖是造成畜禽产品价格波动的重要原因（郑承利等，2018），规模化养殖是稳定市场价格波动的重要途径（胡向东等，2013），规模化的养殖可在一定程度上缓解畜禽产品价格波动（周晶等，2015）。因此，养殖规模化已成为当前畜禽产业发展的必由之路（周力等，2011），也被认为是稳定市场供给和产品价格的重要措施。而规模化养殖本质是产业资本的集聚，就是资本在产业中的一种深化（王刚毅等，2018）。规模化养殖对畜禽产业价格稳定的作用其背后深层次的原因是养殖资本化使得产业运行趋于稳定，从而稳定市场价格。因此规模化养殖对鸡蛋市场价格的稳定作用就是养殖资本化稳定市场价格的作用机理（图 11 - 1）。

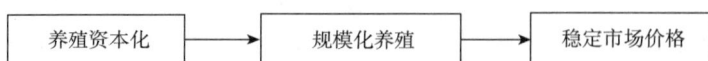

养殖资本化 ⟶ 规模化养殖 ⟶ 稳定市场价格

图 11 - 1 养殖资本化稳定鸡蛋市场价格机理

基于以往研究，养殖资本化可以通过多条路径稳定鸡蛋价格波动，具体来看：首先，资本化养殖主体市场预判能力更强。小规模养殖户由于文化程度相对较低、养殖专业化程度不高以及市场行情获取渠道相对有限，导致其市场行情预判能力较低，但资本养殖主体管理水平较高、市场信息获取渠道丰富，市场预判能力较强，能够做出较为合理的生产决策（周晶等，2015），避免从众的生产决策，从而使得价格趋于稳定。其次，资本化养殖主体具有更高的抵御市场风险的能力。散养户养殖规模较小，资金实力相对较弱，抵御市场风险能力相对不高。当市场价格出现持续性下滑时，小规模养殖由于资金有限、养殖成本较高，容易出现亏损甚至破产而退出养殖。而养殖资本化主体抵御市场风险能力相对较强，即使是价格跌破成本价，资本养殖主体仍可以维持养殖场正常运转。最后，资本化养殖主体市场势力较强。分散的小规模养殖户在市场交易中处于弱势地位，往往是市场价格的接受者，而资本养殖主体养殖规模较大，养殖具有规模效应，市场议价能力较强，而且资本养殖主体与销售端容易形成稳定的购销关系，有利于稳定鸡蛋市场供应和价格波动。除此之外，考虑到不同规模的资本化养殖，由于其市场预判能力、抵御风险能力以及市场势力等三方面的能力存在较大差异，由此导致不同规模的养殖资本化对价格波动的稳定作用可能存在差异。

基于此，提出假说：养殖资本化会对鸡蛋价格波动有一定的负向作用，即可以平稳鸡蛋市场价格波动，且不同规模的养殖资本化的价格稳定作用存在差异。

二、 指标选取及数据来源

（一）指标选取

1. 被解释变量

为探究养殖资本化对鸡蛋价格波动的影响，将被解释变量设定为鸡蛋价格波动。借鉴王刚毅等（2018）做法通过 HP 滤波法获取鸡蛋价格波动率。通过 HP 滤波将鸡蛋价格分解为长期趋势项Y_t^T和波动项Y_t^c，然后用波动项除以趋势项得到波动率，即：

$$jd = \frac{Y_t^c}{Y_t^T} \qquad\qquad (11-1)$$

考虑到季节性因素同样是鸡蛋价格波动的重要因素（杨玉影等，2018），因此在 HP 滤波分析前，首先采用 CensusX13 季节调整法对鸡蛋价格进行季节调整，从而剔除季节性因素。由于通过 HP 滤波处理的月度价格数据波动项既有正值也有负值，如通过简单平均会抵消年度内波动程度，所以不考虑价格波动的方向，将月度鸡蛋价格波动率取绝对值，再通过算数平均计算年度内鸡蛋价格平均波动率。

2. 解释变量

（1）养殖资本化测度

蛋鸡养殖产业属于资本密集型产业，需要投入大量资金来建设养殖场、购入养殖设备以及其他物质服务费用。蛋鸡养殖是一个资本密集型产业，不同的养殖规模代表着不同的资本化程度，由此，本研究通过养殖规模化程度的大小衡量养殖资本化程度。杨宁等通过分析指出，蛋鸡存栏规模 2 000 只以下的养殖方式为"非专业化的家庭养殖"，存栏规模 2 000～9 999 只的养殖方式为"专业化的家庭养殖"，存栏规模 1 万～10 万只的养殖方式为"中小规模养殖"，10 万只以上的养殖方式为工厂化的"大规模养殖"（杨宁等，2014）。基于此，本研究将存栏规模 1 万只以上的养殖定义为资本养殖。规模场数量反映了蛋鸡产业的产业基础，也可以大致反映产业的资本存量情况，资本养殖的养殖场数量在一定程度上反映了蛋鸡产业资本深化情况。因此，用资本养殖场在全部养殖场数量中的占比反映蛋鸡产业资本化程度，也即蛋鸡养殖资本化率，可用公式表示：

$$zbh = \frac{\sum_{i=4}^{6} C_i}{\sum_{i=1}^{6} C_i} \qquad\qquad (11-2)$$

zbh、C_i 分别代表蛋鸡养殖资本化率以及 i 组的养殖场数量。

（2）其他解释变量

除养殖资本化变量之外，鸡蛋价格波动同时受其他供需因素的影响，本研究采用蛋鸡饲料价格、蛋雏鸡价格、猪肉价格、城镇居民可支配收入等变量进行控制，并选取全国 30 个省份（不包括西藏）作为研究对象。

（二）数据来源

鉴于数据的可获得性，样本区间为 2007—2017 年，数据主要来源于中国畜牧业信息网、《中国畜牧业年鉴》《中国畜牧兽医年鉴》以及《中国统计年鉴》。在获取基础数据后，通过消费者价格指数消除各时间序列的通货膨胀因素，同鸡蛋价格波动率计算方法类似，通过 HP 滤波法计算各变量的波动率（表 11-1）。

表 11-1　养殖资本化对鸡蛋价格波动影响的各变量描述性统计结果

变量	变量代码	均值	最大值	最小值	标准差
鸡蛋价格波动率	jd	0.050 5	0.134 5	0.013 9	0.023 8
养殖资本化率	zbh	0.090 7	0.376 8	0.006 7	0.074 2
蛋鸡饲料价格波动率	sl	0.026 3	0.113 7	0.002 9	0.019 9
蛋雏鸡价格波动率	dcj	0.069 6	0.364 5	0.009 8	0.041 1
猪肉价格波动率	zr	0.097 7	0.194 6	0.011 9	0.046 0
城镇居民可支配收入波动率	sr	0.023 7	0.170 2	0.000 0	0.023 4

三、　实证与结果分析

（一）模型设定

本研究数据为面板数据，被解释变量为鸡蛋价格波动率，解释变量包括养殖资本化率和其他控制变量。将计量模型设定为：

$$jd_{it} = \beta_1 zbh_{it-1} + \gamma CV_{it} + \mu_i + \varepsilon_{it} \qquad (11-3)$$

式中，i、t 分别代表地区和时间；jd_{it}、CV_{it} 分别代表 i 地区 t 时期鸡蛋价格波动率和其他控制变量；zbh_{it-1} 为 i 地区 $t-1$ 时期养殖资本化率；μ_i 为影响鸡蛋价格波动的不可观测效应；ε_{it} 为随机误差项。面板数据的估计包括面板混合 OLS 估计（POLS）、固定效应（FE）估计和随机效应（RE）估计。本研究将同时运用三种方法进行估计，并通过相关检验选择最优估计结果。

（二）整体分析

通过固定效应模型、随机效应模型和混合回归模型分别对所研究对象进行回归。首先，单独回归养殖资本化对鸡蛋价格波动的影响，估计结果见表 11-2 回归 1 至回归 3，结果表明，养殖资本化对鸡蛋价格波动具有显著的负向影响，说明养殖资本化对鸡蛋价格波动具有稳定效应。回归 4 至回归 6 进一步将其他相关因素引入，分别运用三种回归模型再次进行回归估计，估计结果与预期一致，养殖资本化率系数均显著为负。为进一步得到准确的估计结果，同时对混合回归和固定效应的估计结果进行 F 检验，检验的结果拒绝原假设，说明固定效应估计方法优于混合回归估计方法；对固定效应估计结果和随机效应估计结果进行 Hausman 检验，结果发现，随机效应模型估计结果更优。

从养殖资本化率对鸡蛋价格波动的回归系数上看，估计系数为 −0.036 7，且在 1% 水平上显著，说明在其他条件不变的前提下，养殖资本化率每提高一个单位，鸡蛋价格波动率将减少 0.036 7 个单位。蛋鸡饲料价格波动、蛋雏鸡价格波动、猪肉价格波动均对鸡蛋价格波动均有显著的正向影响，说明三者价格波动均会推动鸡蛋价格波动，但收入波动对鸡蛋价格波动没有显著影响。

表 11-2 养殖资本化对鸡蛋价格波动影响回归结果

变量	回归 1 POLS	回归 2 FE	回归 3 RE	回归 4 POLS	回归 5 FE	回归 6 RE
zbh	−0.023 6**	−0.073 4***	−0.040 1***	−0.022 8***	−0.082 5***	−0.036 7***
sl	—	—	—	0.202 8***	0.047 7***	0.113 6**
dcj	—	—	—	0.057 5***	0.095 3***	0.076 0**
zr	—	—	—	0.122 4*	0.032 0*	0.037 4*
sr	—	—	—	−0.059 3	−0.008 1	−0.028 9
C	0.053 1***	0.059 7***	0.056 2***	0.035 6***	0.056 4***	0.045 2***
R^2	0.064 1	0.056 3	0.084 3	0.752 3	0.625 5	0.718 3

（续）

变量	回归 1 POLS	回归 2 FE	回归 3 RE	回归 4 POLS	回归 5 FE	回归 6 RE
F 检验	—	—	—	15.616 8（$p=0.000\ 0$）		
Chi-square	—	—	—	341.731 6（$p=0.000\ 0$）		
Hausman 检验	—	—	—	1.343 0（$p=0.246\ 5$）		

注：＊、＊＊、＊＊＊分别表示在 10%、5%、1% 水平上显著；jd 代表鸡蛋价格波动率，zbh 代表养殖资本化率，sl 代表蛋鸡饲料价格波动率，dcj 代表蛋雏鸡价格波动率，zr 代表猪肉价格波动率，sr 代表城镇居民可支配收入波动率。

（三）异质性分析

养殖资本化的规模存在差异，不同规模资本养殖对鸡蛋市场价格波动的影响可能存在不同。为对此问题进一步的研究，基于以往学者研究经验，将资本化养殖进一步划分为大、中、小三类资本化养殖，分析不同规模资本化养殖对鸡蛋价格波动的影响。其中小规模资本养殖是指养殖规模在 1 万～4.9 万只的规模场，中规模养殖是指养殖规模在 5 万～9.9 万只的养殖场，大规模资本养殖是指养殖规模在 10 万只以上的养殖场。同时对不同规模下混合回归和固定效应的估计结果进行 F 检验，检验的结果拒绝原假设，说明固定效应估计方法优于混合回归估计方法；再对固定效应估计结果和随机效应估计结果进行 Hausman 检验发现，随机效应模型比较适合本研究的估计。估计结果见表 11-3。可以看出，三组回归结果中养殖资本化率系数均显著，说明不同规模养殖资本化均对鸡蛋价格波动具有稳定效应，但通过比较系数大小可以看出，不同规模资本养殖对鸡蛋价格的影响存在差异，其中，大规模资本养殖对鸡蛋价格波动的稳定效应最大，其次是中规模，最小的是小规模，其原因主要是，养殖规模越大，即养殖资本化程度越高，其市场预判能力越强，抵御市场风险的能力越高，市场势力越大，市场议价能力越强，越能做出合理的生产决策，越能有效稳定鸡蛋市场供应和价格波动。

表 11 – 3   不同规模养殖资本化对鸡蛋价格波动影响估计结果

变量	小规模	中规模	大规模
zbh	−0.042 3**	−0.143 4**	−0.172 1*
CV	控制	控制	控制
C	0.052 6***	0.052 4***	0.046 4***
R²	0.747 7	0.750 8	0.745 0

注：***、**、*分别表示在1%、5%、10%水平上显著；zbh代表养殖资本化率，CV代表控制变量。

由此得出的结论与以往学者研究结果基本相同，基本肯定了规模化养殖对鸡蛋价格波动的平抑效应。如朱宁等通过国际市场占有率、显示性比较优势指数等比较了中美蛋鸡产业发展现状，得出规模化演进是我国蛋鸡产业发展的必由之路（朱宁等，2018）。还有部分学者指出了养殖规模化的优点，如赵一夫等采用 DEA-Tobit 两步法对我国蛋鸡养殖的规模效率进行测算评价，发现3 000只以下的养殖户存在明显的规模效率偏低的状况，需要扩大养殖规模，在现有的生产技术条件下，5万只左右的专业化养殖规模是规模效率和劳动生产率较高的最优规模（赵一夫等，2015）。同样，朱宁等利用统计分析方法和 EBM 模型在考虑污染物排放及治理投入的前提下，通过研究得出中国鸡蛋主产区规模养殖户的蛋鸡养殖规模达到一定数量后，可以实现效益最优（朱宁等，2017）。由此可知，规模化演进是规避价格波动风险的有效途径。

四、 结论

本研究采用随机效应模型，基于30个省份的面板数据实证研究了资本化养殖对鸡蛋市场价格波动稳定作用，并通过异质性分析不同规模养殖资本化对价格稳定作用的差异。主要结论如下：一是养殖资本化对鸡蛋价格波动有显著的稳定作用，养殖资本化率每上升一个单位，鸡蛋价格波动率下降0.036 7个单位；二是蛋鸡饲料价格波动、蛋雏鸡价格波动、猪肉价格波动对鸡蛋价格波动均有显著的正向影响，说明三者价格波动均会推动鸡蛋价格波动，但收入波动对鸡蛋价格波动没有显著影响；三是通过异质性分析发现，不同规模的养殖资本化均对鸡蛋价格波动具有稳定效应，但稳定效应存在差异，其中，大规模资本养殖对鸡蛋价格波动的稳定效应最大，其次是中规模，最小的是小规模。

蛋鸡粪污资源化利用

第十二章

农业环保法规对蛋鸡养殖户
粪污资源化利用投入意愿的影响 *

2016 年年底召开的中央经济工作会议、中央农村工作会议、财经领导小组会议、全国农业工作会议，均强调了畜禽粪污资源化利用的重要性，据估算，全国每年产生畜禽粪污 38 亿吨，综合利用率不到 60%，急需推进畜禽粪污的资源化利用，这不仅能够改善 6 亿多农村居民的生产生活环境，而且能够提供清洁能源、改善土壤地力以及治理农业面源污染，符合农业供给侧结构性改革的要求，能够补齐现代畜牧业发展的环境短板。为了推进畜禽粪污资源化利用，国家颁布实施了《畜禽规模养殖污染防治条例》（以下简称为《条例》）、《关于推进农业废弃物资源化利用试点的方案》等环保法规，其中，《条例》是我国农业环境保护领域第一部国家级法规，《条例》依然遵循"谁污染，谁治理"的原则，即畜禽规模养殖主体仍然是粪污资源化利用的责任人。为此，在畜禽粪污资源化利用率不高、环保法规陆续实施的背景下，开展有关规模养殖户畜禽粪污资源化利用投入意愿的研究对践行环保法规以及保障畜禽产业可持续发展均具有重要意义。

从理论上讲，规模化程度低的家庭散养由于有足够的农田消纳污染物，畜禽粪污能够得到资源化利用，污染并不严重；大规模养殖企业由于环保管制、农业补贴等因素，有合理的场区规划设计、明确的资源化途径

* 收录于《2018 中国环境科学学会科学技术年会论文集（第三卷）》。

以及配套的污染防治设施，规模效益较为明显，污染也得到控制，而最让人担忧的是中小规模的养殖场（户），由于粪污治理设施的初始投入较大，同时污染治理设施的正常运行也将持续地产生一定的费用，为了避开环保管制，许多养殖场虚报养殖规模，几乎没有配备污染治理设施，或者在政府补贴下，尽管配备了粪污治理设施，但为节约成本而设施没有正常运行。因此，畜禽养殖的规模化程度与环境污染程度之间形成了比较明显的倒 U 形"环境库兹涅茨曲线"（张晖，2010；王俊能等，2012；潘丹，2015；杜红梅等，2016；朱哲毅等，2016），也就是说，中小规模养殖场（户）成为畜禽粪污资源化利用的关键主体，而主要的制约因素就是资金，那么，在我国尚未形成以绿色发展为导向的农业补贴政策以及缺乏社会资本投资的情况下，如何引导中小规模养殖场对畜禽粪污资源化利用进行投入成为切实解决养殖污染问题的关键问题之一。

学者对畜禽粪污资源化利用行为的研究主要集中在两个方面：一是养殖主体畜禽粪污资源化利用方式选择的研究。比如仇焕广等（2012）对中国畜禽粪便的处理方式及其影响因素进行了实证分析，研究表明：环境污染治理政策、饲养规模、人均播种面积、收入水平等因素影响农户畜禽粪便处理方式。还有学者研究认为养殖场要根据养殖规模及当地的气候条件和环境要求，综合地选择多样化的粪污资源化利用方式（鲁聪达等，2003；邓良伟，2004；陆文聪等，2011；仇焕广等，2012）。还有一些学者专门讨论了养殖户环保型或无害化的资源化利用方式的选择行为（虞祎等，2012；Zheng Chaohui et al.，2014；潘丹，2015；张郁等，2015）。二是养殖主体粪污资源化利用方式改善意愿的研究。仅就已有的研究来看，多数学者以生猪、奶牛等畜禽为例，利用分类模型分析了规模养殖户粪污资源化利用方式改善意愿（张晖等，2011；何如海等，2013；孟祥海，2014），研究发现户主受教育程度、养殖户环境意识、养殖收益、养殖规模以及技术培训等成为影响养殖户粪污资源化利用方式改善的关键因素。此外，还有学者利用 CVM 方法研究了畜禽养殖场粪污治理意愿及其环境成本控制（武深树，2010）。已有的研究探讨了畜禽规模养殖户的粪污资源化利用行为及改善意愿，但鲜有从投入角度开展改善粪污资源化利用的成果。

鉴于以上背景，本研究以蛋鸡为例，在农业环保法规——《畜禽规模养殖污染防治条例》实施背景下，利用实地调研获取的蛋鸡规模养殖户数据，采用 Heckman 两阶段模型分析环保法规对畜禽规模养殖户粪污资源化利用投入意愿的影响，以期为畜禽规模养殖污染防治政策及粪污资源化利用政策的出台和实施提供依据。

一、　研究方法

考虑到由于调研抽样设计造成的样本选择性偏差问题，选取了可以避免和解决这一不足的 Heckman 两阶段模型用于实证分析环保法规对蛋鸡规模养殖户粪污资源化利用投入意愿的影响。

第一阶段采用 Probit 模型分析蛋鸡规模养殖户是否有粪污资源化利用投入的意愿。

$$p_i^* = Z_i\gamma + \mu_i$$
$$p_i = \begin{cases} 1, & if \quad Z_i\gamma + \mu_i > 0 \\ 0, & if \quad Z_i\gamma + \mu_i \leqslant 0 \end{cases} \qquad (12-1)$$

式中，p_i^* 为养殖户粪污资源化利用投入意愿发生的概率，若有投入意愿，则 $p_i=1$；若没有投入意愿，则 $p_i=0$。Z_i 为解释变量，γ 为待估系数，μ_i 为随机扰动项。在式（12-1）的基础上，计算得到逆米尔斯比率 λ 作为第二阶段的修正参数。

$$\lambda = \frac{\phi\,(Z_i\gamma/\sigma_0)}{\varphi\,(Z_i\gamma/\sigma_0)} \qquad (12-2)$$

式中，$\phi\,(Z_i\gamma/\sigma_0)$ 为标准正态分布的密度函数，$\varphi\,(Z_i\gamma/\sigma_0)$ 为相应的累积密度函数。

第二阶段，选择 $p_i=1$ 的样本利用最小二乘法（OLS 方法）对方程进行估计，并将逆米尔斯比率 λ 作为额外变量以纠正样本选择性偏误，即：

$$y_i = \beta X_i + \alpha\lambda + \eta_i \qquad (12-3)$$

式中，y_i 为第二阶段的被解释变量，即蛋鸡规模养殖户粪污资源化利用投入金额，α、β 为待估系数。如果系数 α 通过了显著性检验，则选择性偏误是存在的，表示 Heckman 两阶段估计方法对于纠正样本选择性偏误的效果，因此，采用 Heckman 备择模型是合适的。

此外，Heckman 两阶段模型要求 X_i 是 Z_i 的一个严格子集，即 Z_i 中至少有一个元素不在 X_i 中，即至少存在一个影响蛋鸡养殖户是否有粪污资源化利用投入意愿但对 Lny_i 没有偏效应的变量。

二、 数据来源及变量说明

（一）数据来源

本研究所采用的数据来源于蛋鸡规模养殖户粪污处理问题的专项入户调查资料，涉及东部地区（辽宁省、河北省、山东省、江苏省）、中部地区（河南省、湖北省）以及西部地区（四川省、陕西省）8 个鸡蛋主产省份，共获得 1 047 个样本，经数据检查、筛选，共用到 968 个有效的蛋鸡规模养殖户的样本资料（最小养殖规模为 1 000 只），如表 12 - 1 所示。调研过程中的被访问者有 94.73% 是户主、87.50% 是男性；被访问者的年龄主要分布在 36～55 岁（以中年人为主），这一区间的样本数占总样本的72.39%；被访问者的受教育程度主要集中在初中、高中或中专、高职。从养殖户家庭特征看，受到近些年鸡蛋价格波动的影响，尤其是 2013 年H7N9 事件的影响，虽然有 90.50% 的养殖户蛋鸡养殖是主业，但蛋鸡养殖收入占总收入的比例较低。

表 12 - 1　样本养殖户基本情况

指标类别	具体指标	样本数（个）	比例（%）
被访问者是否为户主	是	917	94.73
	否	51	5.27
被访问者性别	男	847	87.50
	女	121	12.50
被访问者年龄	25～35 岁	96	9.92
	36～45 岁	341	35.23
	46～55 岁	398	41.12
	56 岁以上	133	13.74

（续）

指标类别	具体指标	样本数（个）	比例（%）
被访问者受教育程度	小学及以下	95	9.81
	初中	518	53.51
	高中或中专、高职	310	32.02
	大专及以上	45	4.65
蛋鸡养殖是否为主业	是	876	90.50
	否	92	9.50
蛋鸡收入占总收入的比例	0%～49%	556	57.44
	50%～70%	88	9.09
	71%～90%	71	7.33
	91%～100%	253	26.14

从粪污资源化利用的意愿来看，约有 32.33% 的规模养殖户有粪污资源化利用的意愿，且户均愿意投入 0.76 万元（表 12-2），从这一结果看，规模养殖户能够积极地参与到粪污资源化利用中，并且能够践行"谁污染，谁治理"的粪污资源化利用原则。

表 12-2　养殖户粪污资源化利用意愿和《条例》认知统计表

类别	具体含义	样本数（个）	比例（%）/均值
粪污资源化利用投入意愿	无意愿	655	67.67
	有意愿	313	32.33
粪污资源化利用投入（万元）	—	313	0.76
是否知道《条例》	不知道	523	54.03
	知道	445	45.97
《条例》了解程度（%）	知道《条例》的养殖户对《条例》的了解程度	445	38.91
《条例》对养殖的影响	无影响	653	67.46
	养殖规模	140	14.46
	粪污资源化利用	175	18.08

从养殖户对《条例》的认知看（表 12-2），仍然有 54.03% 的蛋鸡规模养殖户不知道《条例》，且知道《条例》的养殖户对《条例》的了解程度仅为 38.91%，虽然《条例》实施已经两年多（截止至调研日），但

《条例》实际影响养殖行为的效果较差，约有 67.46% 的养殖户表态《条例》对其养殖行为无任何影响，且仅有不到 1/3 的养殖户受到《条例》影响后在养殖规模和粪污资源化利用上做了改变。

（二）变量选择

就目前有关畜禽养殖污染防治意愿的研究来看，主要的影响因素包括被访问者特征变量、家庭特征变量、养殖特征变量以及地区特征变量（张晖等，2011；虞祎等，2012；何如海等，2013；孟祥海，2014；Zheng Chaohui et al.，2014；潘丹，2015；张郁等，2015）。结合本研究的具体内容，Heckman 两阶段模型的变量包括被访问者特征变量（受教育程度）、家庭特征变量（蛋鸡养殖收入）、养殖特征变量（养殖规模、养殖年限、养殖培训、污染认知、《条例》认知、清粪方式、粪污资源化利用方式）以及地区特征变量（表 12-3）。其中，养殖年限将作为工具变量，在第二阶段的模型中将不引入该变量。

表 12-3　Heckman 两阶段模型变量选取及基本情况

变量类型	变量名称	变量含义	单位	均值
被访问者及家庭特征	受教育程度	户主受教育的层次	—	2.30
	蛋鸡养殖收入	蛋鸡养殖收入占总收入比例	%	0.51
养殖特征	养殖规模	蛋鸡养殖数量	万只	1.22
	养殖年限	养殖蛋鸡的年数	年	10.49
	蛋鸡养殖培训	参加过蛋鸡养殖培训：1=是；0=否	—	0.58
	污染认知	1=无污染；2=污染很小；3=一般；4=污染较严重；5=污染很严重	—	2.33
	粪污资源化利用方式	现在采用的与认为最好的利用方式：1=不一样；0=一样	—	0.62
	环保法规	对《条例》了解的程度	%	0.18
地区特征	东部地区	辽宁、河北、山东、江苏	—	0.51
	中部地区	河南、湖北	—	0.25

1. 被访问者及家庭特征变量

被访问者特征变量选取了受教育程度作为替代变量，主要是因为受教育程度代表了被访问者的素质与能力，在粪污资源化利用上采取合理方式的可能性较大，即被访问者受教育水平越高，则其有粪污资源化利用投入意愿的可能性越大；家庭特征变量选取了蛋鸡养殖收入作为替代变量，该变量能否反映蛋鸡养殖对该家庭生计的重要程度，若蛋鸡养殖收入占总收入的比例越高，则其对蛋鸡养殖越重视，为了可持续的养殖蛋鸡，养殖户在粪污资源化利用上面越主动，即蛋鸡养殖收入与粪污资源化利用投入意愿呈正相关关系。

2. 养殖特征变量

该类变量包含了 6 个变量，具体来看：养殖规模将作为重点变量进行分析，蛋鸡规模化养殖所代表的不仅仅是养殖规模的提高，还代表养殖水平的提高，鉴于此，本研究拟通过实证分析验证规模养殖与养殖户粪污资源化利用投入意愿的正向关系；蛋鸡养殖年限代表了养殖户的经验，但经验对粪污资源化利用投入意愿的影响方向并不确定，尚需模型验证；蛋鸡养殖培训指的是政府做的培训，不同于饲料、兽药疫苗和机械设备厂家只针对产品开展的培训，政府的培训更全面，会涉及粪污资源化利用问题，所以蛋鸡养殖培训与养殖户粪污资源化利用投入意愿之间呈正相关关系；养殖户对蛋鸡养殖污染的认知与其粪污资源化利用投入意愿有直接的关系，若养殖户认为无污染，则其有粪污资源化利用投入意愿的可能性不大，而养殖户认为污染越严重，则粪污资源化利用投入意愿产生的可能性越大；调研得知，蛋鸡粪污是造成养殖污染的主要来源，那么粪污现在的资源化利用方式就可能会影响到养殖户粪污资源化利用的投入意愿，尤其是目前所采用的方式与其所认为的最好方式不同的情况下，其更新换代粪污处理方式的可能性就越大，也就是说养殖户产生粪污资源化利用投入意愿的可能性越大。针对该问题，本研究选取了粪污资源化利用方式作为替代变量以验证以上的论断；环保法规对养殖户粪污资源化利用投入意愿的影响是本研究的重点，选取了《条例》认知变量作为替代变量引入到模型中，且《条例》认知变量指的是养殖户对《条例》了解的程度，这比是否知道《条例》作为关键变量更严谨和合理。

（3）地区特征变量。为了探究地区间的差异，设置了两个地区虚变量，分别是东部地区变量（辽宁省、河北省、山东省、江苏省）和中部地区变量（河南省、湖北省）。

三、 结果分析

本研究采用 Stata15.0 软件对 Heckman 两阶段模型进行了模拟。从估计结果可以看出，逆米尔斯比率在 1% 的水平上显著，表明蛋鸡规模养殖户的粪污资源化利用投入意愿存在样本选择性偏误问题，也表明本研究使用 Heckman 两阶段模型是合适的。模型的结果如表 12-4 所示，显著因素分析如下。

环保法规的颁布和实施对蛋鸡规模养殖户产生粪污资源化利用投入意愿具有显著的正向影响。从模型结果来看，Heckman 两阶段模型的结果均验证了环保法规在 1% 的统计水平上显著影响到了蛋鸡规模养殖户的粪污资源化利用投入意愿，且影响系数比其他变量要高，说明环保法规在引导蛋鸡规模养殖户产生粪污资源化利用投入意愿上具有积极作用。结合变量的选取，该结果表明蛋鸡规模养殖户对环保法规（《条例》）了解的程度越高，则其产生粪污资源化利用投入意愿的可能性越大，且投入的金额也越高。从另外一个方面也可以说明环保法规有力地提高了蛋鸡规模养殖户的环保意识和粪污资源化利用意识，应该进一步推进环保法规的宣传和实施。

表 12-4   Heckman 两阶段模型结果

变量名称	第一阶段 是否有治污投入意愿（Probit 模型）		第二阶段 对治污投入金额的影响（OLS）	
	系数	P 值	系数	P 值
截距	-2.477	0.000	-18.774	0.000
受教育程度	0.233	0.001	1.367	0.000
蛋鸡养殖收入	0.065	0.625	0.547	0.002

（续）

变量名称	第一阶段 是否有治污投入意愿（Probit 模型）		第二阶段 对治污投入金额的影响（OLS）	
	系数	P 值	系数	P 值
养殖规模	0.017	0.507	0.392	0.000
养殖年限	−0.001	0.894	—	—
蛋鸡养殖培训	0.143	0.131	0.928	0.000
污染认知	0.466	0.000	2.618	0.000
粪污资源化利用方式	0.196	0.041	0.982	0.000
环保法规	0.491	0.002	2.999	0.000
东部地区	−0.017	0.882	−0.122	0.407
中部地区	0.040	0.761	0.419	0.017
逆米尔斯比率（λ）	—	—	6.552	0.000

就 Heckman 两阶段模型其他共同的显著变量来看，被访问者受教育程度越高，则越有利于蛋鸡规模养殖产生粪污资源化利用投入意愿，该结果表明受教育程度在蛋鸡粪污资源化利用方面的重要性，应该积极引导高中及以上学历的劳动力参与到蛋鸡养殖；蛋鸡规模养殖户认为养殖污染程度越高，则其产生粪污资源化利用投入意愿的可能性越大，该结果表明蛋鸡养殖污染认知在引导养殖户产生治污投入意愿的重要性，应该采取措施提高养殖户的环境意识，从而引导养殖户粪污资源化利用；粪污资源化利用方式显著影响到了蛋鸡规模养殖户的粪污资源化利用投入意愿，该结果表明若现在采用的粪污资源化利用方式与养殖户认为的最好方式不同，则其对粪污资源化利用投入的可能性越大。

除了以上四个在 Heckman 两阶段模型中均表现出具有显著影响的变量外，在第一阶段的模型中，还有以下几个变量会对蛋鸡规模养殖户的粪污资源化利用投入金额产生显著影响，具体来看：蛋鸡养殖收入占总收入的比例越高，则养殖户粪污资源化利用投入的金额越高，说明养殖户为了保障作为主要收入来源的蛋鸡养殖收入，其会在未来对粪污资源化利用进行投入；蛋鸡养殖规模在 1% 的水平上显著影响到了养殖户粪污资源化利用投入金额，该结果表明养殖规模越大的养殖户，其对粪污资源化利用越重视，应该对大规模养殖户采取激励政策；蛋鸡养殖培训在引导养殖户对粪污资源化利用进行投入上具有积极作用，应该进一步加大粪污资源化利用的培训力度。

四、 结论与建议

通过分析环保法规对蛋鸡规模养殖户粪污资源化利用投入意愿的影响，得到以下三点结论：

第一，仅有 1/3 的规模养殖户有粪污资源化利用投入的意愿，且户均愿意投入 0.76 万元，表明规模养殖户能够积极地参与到粪污资源化利用中，并且能够践行"谁污染，谁治理"的养殖污染防治原则。

第二，《条例》实施两年多（截至调研日）以来，仍然有约一半的蛋鸡规模养殖户不知道《条例》，且了解《条例》的程度较低，表明宣传力度和养殖户认知程度仍然较低。

第三，环保法规的颁布和实施对养殖户产生粪污资源化利用投入意愿具有显著的正向影响，应该进一步推进环保法规的宣传和实施；被访问者受教育程度、养殖污染程度、粪污资源化利用方式对养殖户粪污资源化利用投入意愿具有积极作用。此外，蛋鸡养殖收入、养殖规模以及养殖培训在引导养殖户粪污资源化利用投入上均具有积极作用。

基于以上结论，提出以下三点促进畜禽规模养殖户粪污资源化利用的对策建议。

一是加大对环保法规的宣传落实力度。通过畜牧兽医部门、电视、广播等途径积极宣传《畜禽规模养殖污染防治条例》等环保法规，采取培训的方式，深入到养殖场、养殖小区，对畜禽粪污资源化利用技术、管理等内容进行培训，提升养殖主体的环境意识和粪污资源化利用意识，促进畜禽粪污资源化利用工作的顺利进行。此外，还需继续完善《条例》等环保法规的配套政策，尽快出台细则或针对一些执行中疑问较多的条款做出权威解释，增强执行力，切实做到"有法必依、执法必严、违法必究"。

二是提高养殖主体的环境意识。政府、科研机构和企业可以通过宣传教育与畜禽养殖培训相结合的方式，来倡导畜禽养殖与生态环境保护协调发展的经营理念，避免养殖污染带来的严重后果。继续推进标准化示范场的创建工作，规范畜禽养殖、保护养殖环境，通过验收的标准化示范场应该积极发挥示范作用，带动周边养殖户朝标准化示范场的生产经营方式转变，在提升周边养殖户污染认知的基础上带动畜禽粪污的资源化利用。

三是扶持粪污资源化利用方式的改善。粪污是造成畜禽规模养殖污染的主要来源，对畜禽粪污处理的好坏直接影响到养殖污染的防治。鉴于此，政府部门可以采取扶持政策引导养殖主体改善粪污资源化利用方式，倡导无害化处理，比如鼓励粪污的生物发酵处理，切实解决养殖主体在改善粪污资源化利用方式时遇到的资金、技术等难题。

第十三章

"蛋鸡＋经济作物"
种养结合现状、 问题与推进建议

在"十二五"工作的基础上，本体系内外形成共识，即推行种养结合、从全产业链层面着手将蛋鸡粪污资源化利用，才能够从根本上解决蛋鸡养殖污染问题，通过实现种养结合，还能够协同推进果菜茶有机肥替代化肥、化肥使用量零增长等政策的实施，从而有效提高肥料利用效率、改善土壤地力、提升农产品供给质量以及治理农业面源污染，有利于实现农业的绿色发展。在"十三五"期间，在蛋鸡体系首席科学家的指导以及其他岗位科学家团队、综合试验站的配合下，粪污处理与利用岗位与产业经济岗位继续针对蛋鸡与农作物的种养结合问题开展协作调研，以蛋鸡粪污资源化利用为出发点，围绕种养结合开展了一系列现场调研和研讨，总结出了一些有益经验，明确了影响种养结合推进的主要瓶颈，为制订下一步工作方案提供了参考。

一、 种养结合调研情况

2015 年 7 月，联合调研组前往河北保定南王庄村调研"蛋鸡＋西瓜"种养结合模式，了解到：该村及周边邻村种植约有 12 万亩的西瓜，年产西瓜约 6 万千克。遇到的主要问题是：①由于多年采用西瓜—蔬菜连作，土壤肥力下降，为了提升土壤肥力，农民多直接施用干鸡粪（1.5 吨/亩·年）和鲜鸡粪（3 吨/亩·年），但购买的鸡粪质量很难保证；②西瓜种植产生的瓜蔓，由于未能有效利用，造成了较为严重的环境污染，每年 7 月收获西瓜后，约有 3 万千克的瓜蔓随意堆放在道路两旁，既阻碍交通，又因焚烧造成了空气污染。

2016 年 2 月，联合调研组前往云南调研"蛋鸡＋柠檬"种养结合模式，在德宏蛋鸡养殖基地与柠檬种植基地了解到：①柠檬喂鸡，少用抗生素（比以前减 3/4），产蛋期及产蛋高峰期长，鸡蛋蛋形与外壳色泽外观精致均匀、美观，蛋黄色深、蛋清黏稠，淘汰母鸡肉质好；②每株柠檬年施 1 包鸡粪（约 40 千克）③当地蛋鸡粪便处理可选用的辅料种类较多，如甘蔗渣、咖啡豆壳、柠檬果、肉牛粪等，蛋鸡粪便处理场所基本没有臭气，农场主自主设计的蛋鸡粪便简易提升转运设备，有"高手在民间"之感。

2018 年 10—11 月，联合调研组先后前往成都与桃子、柑橘、葡萄的种植大户现场交流，前往陕西旬邑县调研"蛋鸡＋苹果"种养结合模式，并召集周边十多个苹果种植大户围绕有机肥需求召开座谈会。种植户共同反映：①有机肥很重要，关系到水果的品质，尤其体现在果色与口感（含糖），而且还能够疏松土壤、提高土壤有机质；②果农对有机肥有困惑或疑问，主要体现在肥料与土壤的关系问题以及有机肥原料是什么、成分是什么，即果农对有机肥还有些"不放心"；③不同水果对有机肥需求有差异，而且与当地土壤、气候有关，有机肥的供需不匹配。通过本次调研感受到，推进种养结合难度较大，既需要考虑环保问题，更要考虑满足有效需求问题。

2019 年 7 月，联合调研组在山东夏津县刘堤村调研"蛋鸡＋蔬菜"种养结合模式，了解到：①该村约 150 亩地种植番茄和茄子，种菜有 50 年的历史，近 20 年开始大面积种植蔬菜；②每亩地全年施用蛋鸡粪 7 立方米，不同品种蔬菜粪便用量略有差异，蛋鸡粪由第三方中间商提供，每立方米蛋鸡粪 40 元，夏季蛋鸡粪基本没有种植户购买；③种植户对畜禽粪肥施用知识还比较欠缺，例如不清楚什么畜禽粪肥好、畜禽粪肥施用之前需要做什么处理、畜禽粪肥臭气如何解决等；④2019 年当地番茄价格 0.60 元/千克，种植西红柿的成本大约 1 865 元/亩（不计人工成本，若算工钱则是赔本），具体包括鸡粪 200 元/亩、复合肥 480 元/亩、耕地 50 元/亩、地膜 60 元/亩、种子费 575 元/亩、灌溉 200 元/亩、农药 300 元/亩，2018 年种植每亩番茄可赚 1 万元，2019 年则因市场行情差，仅能保本。

二、 种养结合存在的主要问题

根据实地调研的情况，发现种养结合工作主要存在以下问题：

第一，种植主体对畜禽粪肥需求较大，各类种植主体也均认可畜禽粪肥的积极效果，但由于畜禽粪肥产品质量存在很大差异，种植主体对畜禽粪肥认可度不高，分辨不清是哪种畜禽粪肥，也无法鉴定畜禽粪肥的质量，担心施用后的农产品检测不过关，难以获得超额利润。

第二，根据施用畜禽粪肥种植主体的评价，目前市场上的畜禽粪肥肥效低，施用畜禽粪肥需要大量人工，在人工成本较高的情况下，施用畜禽粪肥与化肥相比，比较效益较差。

第三，有些畜禽粪肥生产过程中盲目添加菌剂和辅料，并未对以上两种添加物的类型、比例、数量以及成本进行科学验证或测算，导致生产出的畜禽粪肥，质量不过关，生产成本偏高，市场销售困难。

第四，畜禽粪肥供需矛盾突出，目前畜禽粪肥生产主体并未能系统开展畜禽粪肥市场的调查研究工作，生产的畜禽粪肥往往不是种植主体需要的。因农作物需求、当地土壤以及气候条件的差异，种植主体对畜禽粪肥往往具有特殊要求，而粪肥生产主体生产的普通畜禽粪肥，缺乏专用性或针对性，尚不能很好地满足种植主体的需求。在买方市场下，畜禽粪肥的供给应充分考量需求，以推动畜禽粪肥的施用以及种养结合的实现。

第五，由于区域农业结构布局不合理，部分地区畜禽粪肥供需不平衡，导致有的地方畜禽粪肥运输成本增加，有的地方难以获得充足的畜禽粪肥。

第六，由于肥料需求具有明显的季节性，导致畜禽粪肥生产企业资金回收期较长，增加了畜禽粪肥生产企业的经营难度。

三、 对策建议

基于对调研地区种养结合工作情况的总结和分析，提出以下对策建议，以加快提升畜禽粪污资源化利用水平并推进种养结合，从而实现农业绿色发展。

第一，总结推广"蛋鸡＋经济作物"种养结合模式。利用不同地区的特色优势农产品，建立示范基地，根据示范基地土壤和经济作物用肥需求定制生产畜禽粪肥，确定科学合理的施肥方案，跟踪检测土壤、肥料、经济作物产量和品质，并公布跟踪分析报告，引导种植主体采用"蛋鸡＋经济作物"种养结合模式。

第二，加强畜禽粪肥生产技术指导及培训。畜禽粪肥生产需要通过技术指导、中介服务（引入第三方机制）或培训等措施，加强生产过程的技术指导，帮助畜禽粪肥生产者更科学、更有针对性地选用物美价廉的发酵菌剂和辅料，通过投入品优化选择并降低生产成本，提高畜禽粪肥施用效果，让畜禽粪肥施用者有真实的安全感和获得感。

第三，增强符合农作物生产需求的畜禽粪肥的生产。以需求为导向，在充分调研不同地区、不同农作物生产需求的基础上，研发符合农作物生产需求的畜禽粪肥，可以尝试采用"订制"的方式，生产畜禽粪肥。与此同时，建议加强畜禽粪肥及其施用效果的宣传，引导农作物种植主体施用畜禽粪肥，促进种养良性循环。

第四，加大畜禽粪肥施用补贴力度。在已有果菜茶有机肥替代化肥试点的基础上，整合不同地区以政府采购为主要方式的畜禽粪肥财政支持政策，加大对畜禽粪肥施用的引导和支持力度，与此同时，加强监管，保证支持政策有积极效果。

第五，为全面实现农业的绿色发展，种养结合、养殖废弃物资源化利用不仅要满足废弃物无害化要求，更要根据《畜禽粪便堆肥技术规范》（NY/T 3442—2019）等最新标准，生产出品质安全并符合作物种植需要的粪肥。

参考文献
REFERENCES

▼

白暴力，梁泳梅．当前猪肉市场价格上涨的市场原因与对策［J］．福建论坛（人文社会科学版），2007（8）：24-28.

蔡勋，陶建平．货币流动性是猪肉价格波动的原因吗——基于有向无环图的实证分析［J］．农业技术经济，2017（3）：33-41.

曹辉，张士云．我国黄金期货市场价格波动研究［J］．价格月刊，2012（2）：1-5.

陈晓玲，连玉君．资本-劳动替代弹性与地区经济增长：德拉格兰德维尔假说的检验［J］．经济学，2013，12（1）：93-118.

程国强，胡冰川，徐雪高．新一轮农产品价格上涨的影响分析［J］．管理世界，2008（1）：57-62.

程国强，朱满德．2020年农民增收：新冠肺炎疫情的影响与应对建议［J］．农业经济问题，2020（4）：4-12.

程泽宇，杨靖世．基于农产品价格上涨原因分析中国经济发展瓶颈［J］．生产力研究，2012（4）：59-61.

仇焕广，莫海霞，白军飞，等．中国农村畜禽粪便处理方式及其影响因素——基于五省调查数据的实证分析［J］．中国农村经济，2012（3）：78-87.

仇焕广，严健标，蔡亚庆，等．我国专业畜禽养殖的污染排放与治理对策分析——基于五省调查数据的实证分析［J］．农业技术经济，2012（5）：29-35.

戴炜，胡浩，虞祎．我国肉鸡市场价格周期性波动分析［J］．农业技术经济，2014（5）：12-20.

邓良伟．规模化畜禽养殖场废弃物处理模式选择［C］．中国畜牧兽医学会家畜生态学分会第六届全国代表大会暨学术研讨会论文集，2004：222-229.

杜红梅，蒋礼．农业经济增长与污染排放的环境库兹曲线验证——基于养猪大省湖南的数据分析［J］．湖南师范大学自然科学学报，2016，39（5）：9-15.

付强，诸云强，杨红新，等．2002—2009年中国规模化畜禽养殖量区域差异及政策建议［J］．农业工程学报，2012，28（18）：185-191.

高群，宋长鸣．国内畜禽价格溢出效应的对比分析——全产业链视角［J］．中国农村经济，2016（4）：31-43.

郝枫．超越对数函数要素替代弹性公式修正与估计方法比较［J］．数量经济技术经济研究，2015，32（4）：88-105，122．

何如海，江激宇，张士云，等．规模化养殖下的污染清洁处理技术采纳意愿研究——基于安徽省3市奶牛养殖场的调研数据［J］．南京农业大学学报（社会科学版），2013，13（3）：47-53．

和文佳，方意，荆中博．中美贸易摩擦对中国系统性金融风险的影响研究［J］．国际金融研究，2019（3）：34-45．

侯明利．农业资本深化与要素配置效率的关系研究［J］．经济纵横，2020（2）：121-128．

胡雯．资本替代劳动：农户生产性投资行为研究［D］．南昌：江西农业大学，2017．

胡向东，王明利．美国生猪生产和价格波动成因与启示［J］．农业经济问题，2013，34（9）：98-109，112．

黄俊毅．鸡蛋价格秋后或回升［N］．经济日报，2020-07-03．

黄俊毅．鸡蛋价格为何上涨［N］．经济日报，2019-05-15．

黄玛兰，李晓云，游良志．农业机械与农业劳动力投入对粮食产出的影响及其替代弹性［J］．华中农业大学学报（社会科学版），2018（2）：37-45，156．

黄泽颖，王济民．高致病性禽流感对我国肉鸡产业的影响［J］．中国农业科技导报，2016，18（1）：189-199．

李保明．充分认识推进畜牧业机械化的战略意义［J］．农机质量与监督，2020（3）：14-15．

李秉龙，何秋红．中国猪肉价格短期波动及其原因分析［J］．农业经济问题，2007（10）：18-21，110．

刘刚，罗千峰，张利庠．畜牧业改革开放40周年：成就、挑战与对策［J］．中国农村经济，2018（12）：19-36．

刘明月，陆迁．突发性疫情事件对新疆鸡蛋价格波动的随机冲击效应研究［J］．中国软科学，2013（11）：66-72．

刘清泉．居民收入、猪肉价格与货币供应——基于2001—2010年经验数据［J］．农业技术经济，2012（1）：118-126．

刘欣月，田志宏．我国玉米生产的要素替代性［J］．中国农业大学学报，2019，24（11）：214-222．

刘岳平，钟世川．技术进步方向、资本-劳动替代弹性对中国农业经济增长的影响［J］．财经论丛，2016（9）：3-9．

鲁聪达，杨继隆，高发兴．畜禽废物的无害化资源化处理技术［J］．浙江工业大学学报，2003，31（2）：192-196．

陆文聪，马永喜，Holger Bergmann．规模化养殖场废弃物处理方式的优化研究——以北京顺义区某村生猪养殖为例 [J]. 中国畜牧杂志，2011，47（6）：48-51.

罗利平. 基于 DEA-Tobit 模型的中国生猪生产效率研究 [D]. 成都：四川农业大学，2015.

罗锡文，廖娟，胡炼，等. 提高农业机械化水平促进农业可持续发展 [J]. 农业工程学报，2016，32（1）：1-11.

吕杰，綦颖. 生猪市场价格周期性波动的经济学分析 [J]. 农业经济问题，2007（7）：89-92.

吕智超，徐日福，张云影. 我国蛋鸡产业近年发展状况刍议 [J]. 黑龙江畜牧兽医，2014（2）：17-19.

毛学峰，曾寅初. 基于时间序列分解的生猪价格周期识别 [J]. 中国农村经济，2008（12）：4-13.

孟祥海，程国强，张俊彪，等. 中国畜牧业全生命周期温室气体排放时空特征分析 [J]. 中国环境科学，2014，34（8）：2167-2176.

孟祥海. 中国畜牧业环境污染防治问题研究 [D]. 武汉：华中农业大学，2014.

牛东来，陈连颐，程子珍. 基于 BP 神经网络的北京市农产品批发市场鸡蛋价格短期预测研究 [J]. 中国家禽，2017，39（24）：35-40.

牛东来，王春丽. 新冠肺炎疫情对北京市农产品批发市场鸡蛋价格短期影响研究 [J]. 中国家禽，2020，42（11）：72-77.

潘彪，田志宏. 中国农业机械化高速发展阶段的要素替代机制研究 [J]. 农业工程学报，2018，34（9）：1-10.

潘丹. 规模养殖与畜禽污染关系研究 [J]. 资源科学，2015，37（11）：2279-2287.

潘丹. 养殖户环境友好型畜禽粪便处理方式选择行为分析 [J]. 中国农村经济，2015（9）：17-29.

潘方卉，刘丽丽，庞金波. 中国生猪价格周期波动的特征与成因分析 [J]. 农业现代化研究，2016，37（1）：79-86.

乔颖丽，吉晓光. 中国生猪规模养殖与农户散养的经济分析 [J]. 中国畜牧杂志，2012，48（8）：19-24.

秦富. 我国蛋鸡产业发展现状问题及建议 [J]. 北方牧业，2017（23）：10-11.

石自忠，王明利，胡向东. 中国畜产品市场状态转换特征分析 [J]. 农业技术经济，2016（7）：61-72.

速水佑次郎，弗农·拉坦. 农业发展的国际分析 [M]. 北京：中国社会科学出版社，2000.

孙从佼，秦富，杨宁. 2017 年蛋鸡产业发展情况、未来发展趋势及建议 [J]. 中国畜牧杂志，2018（3）：126-131.

孙从佼，秦富，杨宁．2018 年蛋鸡产业发展概况、未来发展趋势及建议 [J]．中国畜牧杂
　　志，2019（3）：119-123．

孙从佼，朱宁，秦富，等．2019 年蛋鸡产业发展概况、未来发展趋势及建议 [J]．中国畜
　　牧杂志，2020，56（3）：144-150．

王贝贝，肖海峰．基于 ARCH 类模型的中国畜产品价格波动特征研究 [J]．农村经济与
　　科技，2015，26（4）：67-71．

王达庆，周成洪，彭天胜．畜牧机械化现状及发展趋势 [J]．畜禽业，2018，29
　　（1）：52．

王刚毅，王孝华，李翠霞．养殖资本化对生猪价格波动的稳定效应研究——基于中国面板
　　数据的经验分析 [J]．中国农村经济，2018（6）：55-66．

王俊能，许振成，杨剑．我国畜牧业的规模发展模式研究 [J]．农业经济问题，2012
　　（8）：13-18．

王明利，李威夷．生猪价格的趋势周期分解和随机冲击效应测定 [J]．农业技术经济，
　　2010（12）：68-77．

王明利，石自忠．我国牛肉价格的趋势周期分解与冲击效应测定 [J]．农业技术经济，
　　2013（11）：15-23．

王欧，唐轲，郑华懋．农业机械对劳动力替代强度和粮食产出的影响 [J]．中国农村经
　　济，2016（12）：48-61．

王晓兵，许迪，侯玲玲，等．玉米生产的机械化及机械劳动力替代效应研究：基于省级面
　　板数据的分析 [J]．农业技术经济，2016（6）：4-12．

翁鸣．我国生猪价格大幅波动的原因分析——基于养殖规模和生猪市场的视角 [J]．农村
　　经济，2013（9）：31-33．

吴方卫，闫周府．劳动禀赋变化：要素替代抑或生产退出 [J]．农业技术经济，2018
　　（12）：30-40．

吴丽丽，李谷成．农户劳动节约型技术采纳意愿及影响因素研究 [J]．华中农业大学学
　　报：社会科学版，2016（2）：15-22，134-135．

武深树．湖南省畜禽养殖场粪便污染治理意愿及其环境成本控制研究 [D]．长沙：湖南
　　农业大学，2010．

武玉环．要素投入视角下农户蛋鸡养殖适度规模研究 [D]．北京：中国农业科学
　　院，2020．

西奥多·W. 舒尔茨．改造传统农业 [M]．北京：商务印书馆，2006．

宿桂红，常春水，孙忠才．吉林省蛋鸡养殖生产要素投入变化分析：基于长吉图开发开放
　　先导区建设失地农民视角 [J]．黑龙江畜牧兽医，2015（20）：5-7．

徐雪高．猪肉价格高位大涨的原因及对宏观经济的影响 [J]．农业技术经济，2008（3）：

4-9.

薛凤蕊，李逸波，王红，等 . 机械化、半机械化和人工养殖蛋鸡成本效益分析［J］. 今日畜牧兽医，2015（5）：40-43.

闫振宇，孙养学 . 我国鸡蛋价格波动规律及影响因素分析［J］. 统计与决策，2018，34（19）：150-154.

杨宁，秦富，徐桂云，等 . 我国蛋鸡养殖规模化发展现状调研分析报告［J］. 中国家禽，2014，36（7）：2-9.

杨宁 . 2014 年我国蛋鸡产业状况及发展趋势［J］. 中国畜牧杂志，2015（2）：32-37.

杨宁 . 全球家禽业发展趋势、挑战与技术对策［J］. 中国家禽，2019，41（1）：1-4.

杨玉影，郝小瑶，刘安轩，王洋 . 我国鸡蛋价格波动特点及影响因素研究［J］. 黑龙江畜牧兽医，2018（2）：14-19，23.

姚春生，李宏，张园，等 . 全程全面扎实推进高质高效异彩纷呈：解读《2018 年全国农业机械化统计年报》［J］. 中国农机化学报，2019，40（10）：1-3.

尹朝静，范丽霞，李谷成 . 要素替代弹性与中国农业增长［J］. 华南农业大学学报：社会科学版，2014，13（2）：16-23.

于少东 . 北京市猪肉价格波动周期分析［J］. 农业经济问题，2012（2）：75-78.

于长雷，赵红 . 重大网络突发事件对房地产市场的影响研究［J］. 管理评论，2016，28（8）：66-70.

虞祎，张晖，胡浩 . 排污补贴视角下的养殖户环保投资影响因素研究——基于沪、苏、浙生猪养殖户的调查分析［J］. 中国人口·资源与环境，2012，22（2）：159-163.

翟文华，周志太 . 农业资本化替代小农经济势在必行［J］. 现代经济探讨，2014（10）：44-48.

张晖，虞祎，胡浩 . 不同类型农户对于畜牧业污染认知差异研究［J］. 山西农业大学学报（社会科学版），2011，10（3）：234-238.

张晖 . 中国畜牧业面源污染研究［D］. 南京：南京农业大学，2010.

张利庠，张喜才 . 外部冲击对我国农产品价格波动的影响研究——基于农业产业链视角［J］. 管理世界，2011（1）：71-81.

张喜才，张利庠，卞秋实 . 外部冲击对生猪产业链价格波动的影响及调控机制研究［J］. 农业技术经济，2012（7）：22-31.

张一，郑煜 . 基于主成分回归对东北三省畜牧业总产值与其影响因素的对比分析［J］. 哈尔滨师范大学自然科学学报，2019，35（5）：19-25.

张郁，孟简，张董敏，等 . 生态补偿政策情境下家庭资源禀赋对养猪户环境行为影响——基于湖北省 248 个专业养殖户（场）的调查研究［J］. 农业经济问题，2015（6）：82-91.

张云凯，许利军 . 机械化蛋鸡规模养殖技术效率分析［J］. 中国畜禽种业，2018，14

（12）：178.

赵一夫，秦富．蛋鸡养殖规模效率及其影响因素分析［J］．中国农业大学学报，2015，20
（3）：291-298.

赵一夫，秦富．我国鸡蛋价格变动特点及规律分析［J］．农业技术经济，2013（1）：
4-10.

赵玉．禽流感疫情对禽蛋养殖业的冲击与政府应对［J］．农业现代化研究，2015，36
（2）：230-236.

郑承利，周星宇，张怡雅，陈琨．鸡蛋期货价格保险设计以及农户最优投保选择——以湖
北省为例［J］．保险研究，2018（10）：51-64.

郑旭媛，徐志刚．资源禀赋约束、要素替代与诱致性技术变迁：以中国粮食生产的机械化
为例［J］．经济学，2017，16（1）：45-66.

郑旭媛．资源禀赋约束、要素替代与中国粮食生产变迁［D］．南京：南京农业大
学，2015.

郑燕，马骥．禽流感疫情变动对畜禽产品价格的动态影响研究——基于时变参数向量自回
归（TVP-VAR）模型［J］．农业现代化研究，2018，39（5）：751-760.

周晶，陈玉萍，丁士军．"一揽子"补贴政策对中国生猪养殖规模化进程的影响——基于
双重差分方法的估计［J］．中国农村经济，2015（4）：29-43.

周力．产业集聚、环境规制与畜禽养殖半点源污染［J］．中国农村经济，2011（2）：
60-73.

周荣柱．我国鸡蛋市场风险预警研究［D］．北京：中国农业科学院，2017.

周荣柱，秦富．2015年蛋鸡产业发展回顾及2016年展望［J］．农业展望，2016（2）：
40-44.

周向阳，沈辰，赵一夫．我国台湾地区禽蛋价格变化特征及影响因素分析［J］．中国家
禽，2016，38（12）：35-39.

朱宁，秦富．蛋鸡产业发展的国际趋势及中国展望［J］．中国家禽，2016，38（20）：
1-5.

朱宁，秦富．蛋鸡规模养殖全要素生产率测度与分析［J］．中国家禽，2019，41（9）：
77-80.

朱宁，秦富．蛋鸡养殖污染治理投入与适度规模分析——基于5省规模养殖户的调研
［J］．湖南农业大学学报（社会科学版），2017，18（3）：7-12.

朱宁，秦富．机械化对蛋鸡规模养殖技术效率的影响［J］．农业工程学报，2015，31
（22）：63-69.

朱宁，秦富．我国蛋鸡产业转型升级的思考及建议［J］．中国家禽，2019，41（16）：
1-4.

朱宁，杨东群，秦富．中美蛋鸡产业发展比较研究［J］. 中国家禽，2018，40（14）：1-5.

朱哲毅，应瑞瑶，周力．畜禽养殖末端污染治理政策对养殖户清洁生产行为的影响研究——环境库兹涅茨曲线视角的选择性试验［J］. 华中农业大学学报（社会科学版），2016（5）：55-62.

Adeangi B，Chatrath A. Non-linear Dynamics in Futures Prices：Evidence From the Coffee，Sugar and Cocoa Exchange ［J］. Applied financial economics，2003，13（4）：245-256.

Assefa T，Meuwissen M，Gardebroek C，Oude L A. Price and Volatility Transmission and Market Power in the German Fresh Pork Supply Chain ［J］. Journal of Agricultural Economics，2017，68（9）：861-880.

Ben-Kaabia M，Gil J M. Asymmetric Price Transmission in the Spanish Lamb Sector ［J］. European Review of Agricultural Economics，2007，34（1）：53-80.

Bollerslev T. Generalized Autoregressive Conditional Heteroskedasticity ［J］. Journal of Econometrics，1986，31（3）：307-327.

Chavas J P，Mehta C A. Price Dynamics in a Vertical Sector：The Case of Butter ［J］. American Journal of Agricultural Economics，2004，86（4）：1078-1093.

Futrell G，Mueller A. Understanding Hog Production and Price Cycles ［EB/OL］. （1989-10-22）. http：//archive. lib. msu. edu /E2210-1989.

Hassouneh I，Serra T，José M. Gil. Price Transmission in the Spanish Bovine Sector：the BSE Effect ［J］. Agricultural Economics，2010，41（1）：33-42.

Hicks，John Richard. The Theory of Wages ［M］. London：Macmillan，1932.

Jetté-Nantel，Hu Liu. Economies of Scale and Mechanization in Chinese Corn and Wheat Production ［J］. Routledge，2020，52（25）：2751-2765.

Kim H Y，Mei J P. What Makes the Stock Market Jump? An Analysis of Political Risk on Hong Kong Stock Returns ［J］. Journal of International Money & Finance，2001，20（7）：1003-1016.

Leeming J，Turner P. The BSE Crisis and the Price of Red Meat in the UK ［J］. Applied Economics，2004，36（16）：1825-1829.

Lloyd T A，Mccorriston S，Morgan C W，et al. Food Scares，Market Power and Price Transmission：The UK Bse Crisis ［J］. European Review of Agricultural Economics，2006，33（2）：119-147.

Lloyd T，Mc Corriston S，Morgan C W，et al. The Impact of Food Scares on Price Adjustment in the UK Beef Market ［J］. Agricultural Economics，2001，25（2/3）：347-357.

Mawejje，J. Food Prices，Energy and Climate Shocks in Uganda ［J］. Agricultural & Food

Economics, 2016, 4 (1): 1-18.

Park M, Jin Y H, Bessler D A. The Impacts of Animal Disease Crises on the Korean Meat Market [J]. Agricultural Economics, 2008, 39 (2) : 183-195.

Su Y, Yip Y, Wong R W. The Impact of Government Intervention on Stock Returns: Evidence from Hong Kong [J]. International Review of Economics & Finance, 2002, 11 (3): 277-297.

Talpaz H. Multi-frequency Cobweb Model: Decomposition of the Hog Cycle [J]. American journal of agricultural economics, 1974, 56 (1): 38-49.

Westerhoff F, Reitz S. Commodity Price Dynamics and the Nonlinear Market Impact of Technical Traders: Empirical Evidence for the US Corn Market [J]. Physica A, 2005, 349 (3-4): 641-648.

Wu Yuhuan, Qin Fu . Analysis on Production Efficiency of Laying Hens in China-based on the Survey Data of Five Provinces [J]. Journal of Agricultural Sciences, 2019 (11): 280-286.

Y. Melba, K. M. Shivakumar. Price Formation and Supply Response of Natural Rubber [J]. Economic Affairs 2016, 61 (1): 173-178.

Zheng C H, Bluemling Bettina, Liu Y, et al. Managing Manure From China's Pigs and Poultry: The Influence of Ecological Rationality [J]. Ambio, 2014, 43 (5): 661-672.

后 记
POSTSCRIPT

　　2019 年和 2020 年对于蛋鸡产业来讲，都是不平凡的年份，2019 年受非洲猪瘟的影响，鸡蛋作为猪肉的替代品，消费增加明显，蛋鸡产业得到快速发展，而 2020 年则受新冠肺炎疫情的影响，蛋鸡产业未能延续良好的发展势头。为了总结不同阶段产业面对的问题，提出可行的对策建议，在国家蛋鸡产业技术体系产业经济研究室岗位科学家秦富教授的带领下，积极跟踪产业发展形势，及时撰写及上报产业分析报告，取得了良好的科研成绩。科研成果突出实地调研、原因研究、形势判断和对策建议，旨在为蛋鸡产业转型升级以及高质量发展提供决策支撑。2021 年 1 月上旬，研究室启动《中国蛋鸡产业经济 2020》书稿的编辑工作，汇集近两年主要的科研成果，于 3 月上旬形成本书稿。

　　本书是产业经济研究室团队通力合作的成果，朱宁、秦富、曹博等团队成员为书稿初稿撰写、汇编、校审付出了大量的劳动。本书各章撰写人员如下：第一章，朱宁、李亮科、秦富；第二章，朱宁、秦富、李保明、徐桂云、王克华、吴艳涛、佟建明、秦宇辉；第三章，朱宁、杨东群、秦富；第四章，朱宁、曹博、秦富；第五章，朱宁、秦富；第六章，朱宁、秦富；第七章，朱宁、秦富；第八章，朱宁、曹博、秦富；第九章，武玉环、朱宁、秦富；第十章，丁存振、朱宁；第十一章，郑燕、丁存振；第十二章，郑燕、丁存振；第十三章，朱宁、秦富；第十四章，廖新俤、朱宁、吴银宝、秦富。

　　本书内容涉及蛋鸡产业发展形势、蛋鸡养殖规模化及效率、鸡蛋价格波动、蛋鸡粪污资源化利用等多个方面，可为政府有关管理部门、蛋鸡企业和养殖户提供有价值的参考。但由于作者水平有限，错误和疏漏在所难免，请读者不吝批评指正。

图书在版编目（CIP）数据

中国蛋鸡产业经济.2020 / 朱宁等著.—北京：
中国农业出版社，2021.6
　　ISBN 978-7-109-28273-5

　　Ⅰ.①中…　Ⅱ.①朱…　Ⅲ.①卵用鸡－养鸡业－产业
经济－研究－中国－2020　Ⅳ.①F326.3

中国版本图书馆 CIP 数据核字（2021）第 094355 号

中国农业出版社出版

地址：北京市朝阳区麦子店街 18 号楼
邮编：100125
责任编辑：刘明昌
版式设计：王　晨　　责任校对：沙凯霖
印刷：北京中兴印刷有限公司
版次：2021 年 6 月第 1 版
印次：2021 年 6 月北京第 1 次印刷
发行：新华书店北京发行所
开本：720mm×960mm　1/16
印张：9.25
字数：130 千字
定价：50.00 元